來自前世回溯和靈性回溯的洞見

治癒永恆的靈魂

HEALING THE ETERNAL SOUL

[英] 安迪．湯姆林森（Andy Tomlinson） 著
張靜文　譯

from the heart press

出版：From the Heart Press
網站：www.fromtheheartpress.com

第一版 O Books，2005 年
第二版 From the Heart Press，2012 年
中文出版 From the Heart Press，2021 年

國際標準書號 ISBN: 978-1-9999232-5-9

本書的 CIP 目錄記錄可從大英圖書館獲得。

設計：Ashleigh Hanson，電子郵件：ash@shifted.co.nz

翻譯：張靜文（Vina, Zhang Jingwen），電子郵件：vinlvan@hotmail.com

瞭解更多關於安迪 · 湯姆林森以及回溯治療培訓的資訊，請訪問網站：www.regressionacademy.com

致謝和許可權

治療師的絕大部分工作都是保密的，並不會在治療工作之外予以討論，因此我要感謝許多案主允許我在案例研究中引用他們的經歷。本書已對案主的個人資料和姓名做了化名處理，但仔細記錄和保留了前世內容，以及其中所使用的治療技術。

我尤其要感謝彼得·哈德威克博士（Dr Peter Hardwick），他幫忙閱讀了我的手稿，並在描述心理–精神的深奧概念方面提出了建議，這些概念是本書的中心主題，真心感激他孜孜不倦的耐心。也要感謝由羅傑·伍爾格博士（Dr Roger Woolger）提供的參考資料和鼓舞人心的貢獻，還有漢斯·天丹博士（Dr Hans TenDam）的有益建議，以及靈性回溯治療協會和歐洲回溯治療協會的回溯治療師同事們。雖然沒有足夠的空間逐一列出各位的幫助，但還是需要特別感謝烏爾夫·帕奇克（Ulf Parczyk）、埃爾斯·格爾瓊（Els Geljon）、海倫·霍爾特（Helen Holt）、迪巴·伊爾馬茲（Diba Yilmaz）和迪·格里菲斯（Di Griffith）。另外，關於兩世之間靈性回溯的內容，我需要感謝邁克爾·紐頓研究所（Michael Newton Institute）成員們的貢獻，特別是邁克爾·紐頓博士（Dr Michael Newton）和亞特·羅菲博士（Dr Art Roffey）。

感謝由以下出版商提供的摘錄:

Shambhala Publications, Inc., Boston, www.shambhala.com, *The Tibetan book of the Dead*, translated with commentary by Francesca Fremantle and Chogyam Trungpa.

Random House Group Limited, *The Tibetan Book of Living and Dying*, by Sogyal Rinpoche, published by Rider.

University of Virginia Press, *Twenty Cases Suggestive of Reincarnation*, by Dr Ian Stevenson.

Praeger Publishers, *Where Reincarnation and Biology Intersect*, by Dr Ian Stevenson.

Harper Perennial, *The Enlightened Heart*, by Stephen Mitchell.

The Theosophical Books, *Idyll of the White Lotus*, by Mabel Collins.
Beyond Words Publishing, *Autobiography in Five Chapters*, by Portia Nelson, quoted by Charles Whitfield in Healing the Child Within.

Brunner & Mazet, *The Collected Papers of Milton Erickson Vol. IV*, quoted by Yvonne Dolan in A Path with a Heart.

Atlantic, *Daily Mail* quotes.

Headline Books, *Spirit Releasement Therapy*, by William Baldwin.

Llewellyn Publications, *Life Between Lives; Hypnotherapy for Spiritual Regression*, by Michael Newton.

免責聲明

雖然本書所有的案例所描述的結果都是成功和具戲劇性的，但作者的意圖並不在於聳人聽聞、故意渲染，或是誇大前世治療和回溯治療。相反，本書的目的是為了讓人們能更全面地認識到這種尚未得到充分利用的治療方法。此外，除非經過充分培訓，否則任何治療師都不應使用這些強大的回溯治療技術。

目錄

序言 1

1. 介紹 7

想像力－超越常規思維；精微體－超越物質的能量；有些記憶會是前世的嗎；前世回溯的案主體驗；回溯治療的重點。

2. 前世回溯和靈性回溯理論 21

古代智慧；物質和精神的二元性；我們能量場中的前世回憶；業力；轉世；吸引他人來促進我們的靈性成長；情結。

3. 進入前世 37

催眠；情緒橋接；語言橋接；身體橋接；能量掃描橋接；視覺橋接；克服障礙進入前世。

4. 探索前世 55

具身化人物和建立場景；在時間線中移動；克服轉移；宣洩。

5. 前世的死亡 67

和平的死亡；死亡時未解決的創傷；地縛狀態。

6. 在靈界中轉化 75

面對前世中的人物；轉化凍結的情緒；指導靈的幫助；達成寬恕；未竟事務的能量掃描。

7. 兩世之間靈性回溯 89

介紹；深化催眠；進入靈界；與指導靈一起回顧前世；會見靈魂團體；會見長老；為今世選擇身體；前往輪迴；其他靈性活動；在「永恆當下」工作；一次完整的靈性回溯。

8. 處理身體記憶 141
身體語言；探索身體記憶；轉化前世的身體記憶；轉化今生的身體記憶； 心理劇；深度創傷的解離和碎片化。

9. 侵入性能量 159
背景；檢測；釋放附著的靈體；清除負面的侵入性能量；能量治療和解說。

10. 整合 173
整合前世回溯；整合回溯治療；穩定能量和接地；其他整合活動。

11. 面談 185
融洽的治療關係；治療目標和可測量症狀；界限和病史收集；回溯治療應避免的情結；精神科藥物的副作用；虛假記憶。

12. 結論 193

附錄一 · 注釋 199
附錄二 · 構建一次回溯治療 205
附錄三 · 構建一次靈性回溯 217
附錄四 · 清除侵入性能量 239
延伸閱讀 245
回溯治療協會 251
資料來源和腳註 253
參考書目 259
關於作者 265

序言

我坐著沉思一位靈媒給我的解讀，這位特殊的靈媒之前給我的信息被証實是不可思議的準確。她在這次的解讀中說：「我連接到的這位高靈具有巨大的力量和非常明亮的光。它說你將在六個月內前往巴西，並要做兩件事情。你會在一間所有人都穿著白色衣服的大房間裡，遇到一個名叫「上帝的約翰」的人。你還被選中去尋找一塊水晶來幫助你的治療工作。這塊水晶在一個洞穴裡，是他們埋葬人的地方，而你必須要專注於大象的眼睛才能找到它。這些任務非常重要。」我的第一反應是詢問她更多的細節，但我得到的唯一答案是：「會有人來幫助你，而你也將會被他們所說的話吸引，然後得到去往何處的訊息。巴西之旅將發生在八月，持續至少三週，你將通過河流旅行。作為準備工作，你需要攜帶蛇咬傷的解毒劑。如果你在旅途中能夠使用自己的直覺，一切都會井然有序。」

在接下來的幾個月裡，我每遇到一位新朋友就會問他們是否和巴西有關，最後我放棄了，繼續過回我的日常生活。三個月後，來自美國的同事亞特・羅菲博士（Dr Art Roffey）前來做一個有關薩滿教的講座。亞特跟隨他的薩滿導師，唐・提奧・帕雷德斯（Don Theo Paredes）①當過幾年的學徒，有時也會去秘魯旅行。當亞特問我是否有興趣去秘魯時，我說只對巴西感興趣。談到巴西，他告訴我有一個人叫做伊普皮亞拉・馬庫尼滿（Ipupiara Makunaiman）②，人稱伊普（Ipu），於 1946 年出生在巴西亞馬遜地區的烏胡伊烏瓦瓦部落（Ureu-eu-wau-wau，意思是來自星星的人）。當時的烏胡伊烏瓦瓦部落有 2400 人，但現在僅剩下 43 人。伊普在當了很長時間的醫者和薩滿學徒之後，受到部落長老們的敦促去接受傳統方法以外的教育。在他們的指導下，伊普取得了人類學和生物學博士學位，並精通英語、西班牙語、葡萄牙語和南美八種土著方言。作為一位傳統薩滿，他除了需要維持自己的治療工作以外，還與人共同創立了「原住民文化聯盟」（Native Cultural Alliance），致力於保護和分享土著文化和智慧，這其中就包括了組織旅行前往亞馬遜。當我聯繫伊普時，得知他的下一次行程就在八月。憑著直覺，我知道他就是我在巴西旅行所需要的嚮導，於是即刻預訂了我的位置。

伊普這趟旅途中的很大一部分時間是船旅，日常起居和睡覺都在船上度過。我們的旅程沿著亞馬遜河的支流里約奈格羅（Rio Naigro）一路展開。和亞馬遜河相比，內格羅河水的酸性使它不容易讓人被蚊蟲叮咬，但我在行程中更關注的是如何得到蛇咬解毒劑。有人告訴我說，亞馬遜河的這個地區只有一種毒蛇，叫做珊瑚蛇。要得到醫學解毒劑可不是去藥店購買那麼簡單，必須在這種毒蛇棲息的腐木下捕捉一條活蛇，然後把它送到提毒中心製作解毒劑。儘管醫院會為緊急情況保留一些解毒劑，但那距離我們有好幾天的行程。他們一再向我保證說蛇咬在這裡非常罕見。

一名薩滿師正站在陸地上迎接我們的船。一陣問候之後，我被吸引到附近的一間小屋裡，裡面有一些婦女在織布，還有一位薩滿正在等候著。這位薩滿在我進門時遞給我一個罐子，裡面裝著兩條浸在保存液中的死珊瑚蛇。他在我剛跨進小屋的時候，就直覺地知道要把它們交給我。在一位翻譯的幫助下，我發現我得到的竟然是薩滿師的蛇咬解藥。原來，解毒素就在這珊瑚蛇的脊髓中！為了治療蛇咬傷，薩滿會先將被咬患者的肢體綁上止血帶，如果抓到了咬人的蛇，薩滿就會用死蛇的薄片在患者傷口上摩擦，當蛇脊柱中的解毒素起作用時，咬傷處的紅色區域會開始變顏色。如果沒有抓到這條蛇，薩滿就會取出一條事先浸製保存的蛇，先用火燒掉保存液，然後把燒過的蛇體塗在傷口上。通過傳承了幾千年的知識，薩滿們一直在使用這種治療方式。第二個驚喜發生在薩滿儀式上，當我問薩滿能否可以告訴我一些關於我所尋找的水晶的信息時，口譯人員翻譯說：「你治癒人們的靈魂。」作為一個靈性回溯和前世回溯的治療師，我所做的工作在靈性上的確意義深遠，但我卻從來不曾從這個角度思考過。這位薩滿一生都生活在叢林中，不會說英語，也從未見過我，但卻能立刻明白我工作的意義。他繼續說：「你所尋找的水晶並不在物質形態中，而是存在於以太形態中。它是一種能量來源。」

旅行快結束時，我們一行人前往參觀了位於亞馬遜河支流－伊拉謝馬（Iracema）的一個小瀑布。對當地人來說，伊拉謝馬這個名字的意思是「處女眼中流下的淚水」。這個神聖的地方還有一些用於療癒儀式的洞穴，已經有兩千多年的歷史了。當我發現這些洞穴也被當地人用來埋葬祖先的骨頭和遺骸時，立刻就產生了興趣。直到這一刻，我仍在有意識地說服自己，我要找的是一個實體水晶。我手裡拿著手電筒朝著洞穴的深處一路探索，有時甚至要跪着前進。當我用手電筒照向一些洞穴的縫隙時，發現裡面住滿了大蝙蝠，我還經常要低頭躲避以免它們飛過來撞到我，但哪怕是這樣，我還是下定決心要充分探索這些洞穴去尋找任何與大象相似的東西。在一些岩縫中我還看到有一些蜘蛛，它們的腿很長，長到從我的角度根本看不到它們的身體。最後，我意識到我不可能找到任何東西。休息一天之後，我再次漫步回到山洞中。跟隨心中的吸引，我將手放在岩壁上開始冥想。當我在腦海中看到一隻眼睛裡有水晶的大象時，一個門戶打開了，而我經歷了一條只能形容為充滿光的隧道，它的彼端通向一大片明亮的光芒，我感受到有一股療癒的力量正在傳遞到我的雙手上。直到這現在，我仍然無法完全理解這件事的意義。

我們行程的最後一部分是在阿巴迪亞納的卡薩（Casa）度過的，這個地方距離巴西利亞（Brasilia）約兩個小時的車程。若昂・特榭拉・德・法里亞（Joao Teixeira de Faria）被稱為「上帝的約翰」③，他把卡薩做為自己的療癒中心，並被一些人譽為過去兩千年來最神奇的治療師，據說他一天治癒的病人比普通醫院在一個月內治癒的病人還多。坦白地說，在我到達之前，我對他的工作持懷疑態度，哪怕我已經看過他令人驚嘆的身體手術視頻。這些手術包括徒手拔腫瘤和刀刮白內障，而他本人卻並沒有在看著自己做什麼。當我進入卡薩的內部治療室時，我發現有成百上千的人正在冥想，並在冥想中連接卡薩腳下石英山的能量。當我置身於這種驚人的能量之中時，有人告訴我，真正的治療是由光之高靈來完成的，它們會將能量集中起來，類似於在西方的眼科手術中，利用激光能量聚焦來做手術一樣。

我與一位叫做克萊爾（Claire）的澳大利亞人交談。三年前，她被診斷出患有運動神經元疾病，醫生說她只能再活六個月。然而在第一次與「上帝的約翰」會面中，她就停止抖動，扔掉拐杖，並能自己走路。她和我解釋時說，她的手術是在沒有使用藥物麻醉的情況下，被一把長鼻剪刀從鼻子內向上推入 5 英寸深的地方進入大腦的。當若昂扭動剪刀時，她並不感到疼痛，但知道他在做什麼，也能感覺到嘴裡充滿了鼻竇性粘液和一點血。據說這種手術是由若昂稱為「存有」（Entities）的光之高靈完成的，它們會接管並使用若昂的身體，而這些不可思議的身體手術更是在眾人面前來完成，以證明給那些懷疑高靈存在的人們看。我和其他幾位說英語的人士交談，他們都告訴了我他們個人的康復情況。儘管現在我已經改變了對他工作的懷疑，但也並不是所有我交談過的人都得到了醫治。就像所有的治療一樣，這裡的療癒也受到業力法則的約束。有些人在改變他們的日常生活之前，只會得到部分的身體治療，有時甚至沒有治療，他們被告知可以在以後回來接受完整的治療。

還有大量的治療工作者來到卡薩的治療能量中請求幫助發展他們的直覺力或治療能力。和前來尋求身體治療的人們一起靜坐冥想三個小時真的會是一種令人驚奇和振奮的靈性體驗。卡薩遊客同時還可以在當地酒店住宿幾週，體驗這裡美好的社區生活。正如靈媒所預言的那樣，這裡大多數的人都會身穿白色來表達對療癒中心工作的尊重。卡薩每天有多達 500 人求治，這種靈性之旅的規模之大實在令人不容小覷，而若昂已經免費從事這種靈性手術長達 30 年了。

旅行結束之後，我遇到了亞特，告訴了他這次旅行中的見聞以及所發現的治療能量來源。憑著直覺衝動，他立刻把曾經一直守護的一件神聖的治療器物轉送給我，說它必須交由我來保管。這是一件由秘魯的查汶人（Chavin）於 2000 年前所雕刻的石英雕像，它強大的療癒能量可以被清晰地感受到。後來我才知道，原來在我離開之後，伊普部落的薩滿告訴他，我在巴西的旅程中是不會找到實體水晶的，而是會在之後在一位遵循靈性治療之路的人那裡得到。生活似乎正如靈媒和薩滿所預言的那樣展開，每個人都像是在這個展開的奇妙故事中扮演的角色，彼此之間很好地互動著。

1

介紹

「跳入廣闊的意識海洋，
讓就是那一滴水的你，
成為一百個浩瀚的大海。
但是不要以為只有水滴會變成海洋，
海洋也會變成一滴水。」
——耶拉魯丁 · 魯米，13 世紀蘇菲派。

想像力—超越傳統思維

我在洞穴中的經歷，以及「上帝的約翰」所使用的治療能量究竟有多「真實」呢？現代心理學中幾乎沒有涉及對想像力、整體知覺或直覺的研究，大多數的研究和治療方法都集中在與理性思維、邏輯和語言交流有關的左腦上。西方教育著重強調這些與左腦有關的領域的優越性，而把想像力留給了藝術家、音樂家和作家們。人們在談論時也往往會反駁像我這樣的經歷或者前世記憶，說它們是想像的結果，意思就是虛構或捏造的。

大多數人在放鬆時會表現出較低的大腦節律，並能更容易使用他們的直覺和想像力。然而現代心理學卻並不知道直覺和想像力是什麼，或者來自何處。在心理學早期，卡爾 · 榮格（Carl Jung）將想像力稱為通向集體無意識的鑰匙，他認為集體無意識是一個儲存祖先記憶和前世記憶的記憶庫。精神科醫生斯坦尼斯洛夫·格羅夫（Stanislov Grof）找到了另一種方法來達到超常意識狀態（Altered States of Awareness）。他在對 LSD（一種迷幻藥）進行的臨床試驗中發現，許多受試者會自發地經歷之前無法獲得的童年記憶、出生前記憶和前世記憶。後來他發現，無需藉助 LSD，僅僅是通過深呼吸練習，也可以實現改變意識的狀態①。羅伯托．阿薩吉奧利（Roberto Assagioli）是「心理綜合療法」（Psychosynthesis）的創始人，也是心理學中超個人心理學分支的貢獻者，他發現也可以通過冥想來改變意識狀態②。

在整個人類歷史上，利用想像力來探索其他的現實世界已經是一種廣為人知的方法，澳大利亞的原住民將這些現實世界稱之為「夢境」。薩滿教③認為真實與想像之間沒有區別，他們通常會利用富有節奏的擊鼓聲，來輔助自己進入像出神（Trance）一樣的超常意識狀態。薩滿教跨越了數萬年的歷史，覆蓋了所有大陸的土著部落。雖然沒有一種古老的文化留下了書面記錄，但是我們仍然可以通過那些還活著的、並願意分享知識的後人來瞭解他們的工作。

一個簡單的事實是，在我們地球上大部分的時間裡，人類一直在使用想像力和超常意識狀態中所經歷的低腦波，作為一個門戶來通向直覺和其他可訪問前世的現實。只要集中注意力，我們仍然能夠遇見那些物理世界維度之外的現實。正如我們可以利用想像力立即旅行一樣，當我們進入存儲前世的記憶庫時，我們也可以立即在前世中旅行。這就好比是使用指令訪問計算機內存一樣，如果使用正確的指令，人們就可以找回正確的記憶。在尋找前世記憶的過程中，這個指令就被稱為橋接（Bridge）。橋接可以是一個引導的意象、一句短語、一個情緒、或者一種身體感覺。

精微體一超越物質體的能量

那麼這是如何運作的呢？在物理學和西醫的歷史上，很多人都把人體視為一個固體。然而，當愛因斯坦在相對論中證明人體就像所有事物一樣都只是純粹的能量時，這種觀點就被顛覆了。古代傳統對身體的看法也是如此，它認為我們身體周圍有一個能量場，被稱為精微體（Subtle body），由不同的能量層組成，每個能量層都有自己的振動[4]。比如說固態的冰，它的周圍有一圈水蒸氣，而冰和水蒸氣之間的區別就在於它們各自的能量。在世界各地，這種精微體被稱為「炁」或「氣」(Chi 或 Ki)，「普拉納」(Prana)，「佛哈塔」(Fohat)，「奧根」(Orgone)，「歐迪克力」（Odic force）和「瑪那」（Mana），它無法被常規的儀器輕易測量到。俄羅斯的克里普納（Krippner）和魯賓（Rubin）在他們的著作《生命銀河》（Galaxies of Life）[5]一書中記錄了植物、動物和人類周圍的能量現象。他們在研究中使用備受爭議的克里安攝影（Kirlian photograph）來記錄能量的散發，其中一個例子就是顯示出能量的殘葉幻影。

靈媒芭芭拉・布藍能（Barbara Brennan）[6]在她的《光之手》（Hands of Light）一書中講述了她是如何通過觀察精微體來識別疾病的，她的觀察可以和最現代化的醫療設備一樣精確。另外一種叫做「療癒觸法」（Therapeutic Touch）的身體治療技術也和精微體有關，這種技術已經在美國和英國的一些醫院中得到使用。這種治療的後續研究表明，當醫務人員將手保持在離傷口幾英寸的距離時，可以提高外科傷口的癒合速度[7]。其實利用精微體治療的傳統方法已有數千年之久，例如，中國經絡系統中的針灸，以及近年日本被稱為靈氣療法（Reiki）的能量療法。現在許多越來越流行的補充療法和替代療法，都涉及到了在稠密物質身體周圍處理這些精微能量的流動。

這就引出了一個話題，即我們的意識是否存在於精微體中？西方科學對此無法給出任何解釋。以下引用《每日郵報》（Daily Mail）中派翠克・蒂爾尼[8]的瀕死經歷來討論，它暗示意識可能根本與物質身體無關：

> 派翠克在51歲時經歷了一次心臟病發作。當天早些時候，他心臟病突發，病情不算太嚴重，在醫院待了幾個小時後倖存下來。他的瀕死經驗就發生在被診斷為臨床死亡的時候。當希靈頓醫院的醫生奮力搶救他的生命時，他對身邊所發生的事一無所知，當時他的醫生們正用除顫器電擊成功重啟他的心臟。他報告說，他好像在一條隧道中走了很長的時間才來到一個路口，隧道被分成了兩個方向，左邊是一片漆黑，右邊是一片非常明亮的光。他走進了右邊的隧道，進入了一個充滿美麗色彩的奇妙花園，他一生中從未見過類似的事物。花園的中間是他的父母，然後岳母也來了（在派翠克發生瀕死經驗之前，他們已經相繼於1984年至1990年間去世）。當他走向一扇大門的時候，父親告訴他不要穿過去，母親就只是對著他微笑。然後他就突然發現自己回到了黑暗的隧道中，接著聽到一個女人在叫他的名字，那是醫院的護士。

諸如此類的經歷一直是討論和爭議的題材，焦點在於它們是幻覺還是來世一瞥。最常見支持幻覺的理論認為，這些體驗是由死亡過程引起的生理變化，是由內啡肽的釋放、大腦缺氧、二氧化碳水平升高或者是體內藥物所引起的。還有另一種解釋說，這可能是患者因為需要而產生的一種心理現象。

來自英國南安普敦總醫院（Southampton General Hospital）地平線研究基金會（Horizon Research Foundation）的帕爾維亞博士（Dr Parvia）及其團隊對63名心臟驟停倖存者進行了長達一年的研

究。沒有任何一名受試者血液中的氧氣、二氧化碳、鉀或鈉水平出現了任何變化，而任何一項這些化學物質水平的降低都有可能引起幻覺。這就否定了低水平的氧氣或其他化學物質的含量是導致瀕死經驗的說法。他們還採訪了受試者的宗教和倫理信仰，結果發現有瀕死經驗的 7 名受試者並不比其他患者更具有靈性。

來自荷蘭阿納姆的瑞恩州立醫院（Rijnstate Hospital）的心臟病專家皮姆·梵·隆美爾博士（Dr Pim van Lommel）和同事們歷時 13 年做了一項更為全面的研究。他們調查了 344 名心臟驟停後復甦的心臟病人的經歷，所有患者在治療過程中的某個時候都已經臨床死亡。患者中有 62 例報告了瀕死經驗，還有 41 例報告了見到隧道、光和親屬的經歷。在他們昏迷期間，許多人的大腦都沒有電波活動，這就意味著無法用傳統科學來解釋他們對這些經歷的回憶。八年後的後續調查發現，這些患者對死亡有更少的恐懼，對生命的看法更加靈性。這項研究結果發表在著名醫學雜誌《柳葉刀》（The Lancet）[9]上，以下是該研究中一位護士的口述：

> 一名 44 歲的男子在草地上被發現後，於夜間被救護車送往醫院。當時他處於深度昏迷狀態，皮膚發青。我和醫護人員對他施行了人工呼吸、心臟按摩和除顫。當導管插入他的嘴裡時，我發現他戴著一副假牙。於是我取出了那副假牙，把它們放在了一輛「急救推車」裡。大約一個半小時後，患者已經有了足夠的心律和血壓，儘管仍需要人工呼吸，但已可轉入重症監護室。大約一週以後，我在心臟病房遇到了這位病人。他一看到我就說知道假牙在哪裡：「是的，我被送進醫院的時候你就在現場，是你從我的嘴中取出了假牙，放進了一輛推車上。那輛推車上面還放著一些瓶子，下面有一個滑動的抽屜，我的假牙就放在抽屜裡面。」我特別驚訝，因為我記得當這一幕發生的時候，這名男子正處於深度昏迷

和心肺復甦的過程中。當我進一步詢問時，他當時似乎是從上往下看到自己躺在床上的。他還準確詳細地描述了他被救活的那個小房間、以及在場人員的樣子，包括我。當時他非常擔心我們會停止心肺復甦，那樣他就會死去。這段經歷給他留下了深刻的印象，他不再害怕死亡。四週後他健康地離開了醫院。

瀕死經驗比許多人意識到的更為普遍，有超過 800 萬的美國人曾經經歷過瀕死經驗⑩。越來越多的證據表明，意識是獨立於大腦的存在，當然，這還需要大型研究來進一步驗證這些發現，並將這些新概念帶入主流科學中。一個名為「科學和醫學網絡」（Scientific and Medical Network）的國際組織已經率先開展了這一工作，由來自 53 個國家的 2000 名合資格的科學家、醫生、精神病學家、心理學家、治療師和其他專業人員組成，他們會舉辦會議、發表文章並支持對新領域的研究。

有些記憶會是前世的嗎？

我們已經看到意識似乎能夠從大腦出游，那麼它可以連接前世的記憶嗎？伊恩 · 史蒂文森博士（Dr Ian Stevenson）是美國弗吉尼亞大學的前任超心理學系主任，他專門採訪世界各地的兒童，以及這些兒童經歷的見證人來收集前世故事。他還會追蹤調查案例中是否存在不一致或欺詐的現象，以及檢查是否有任何因為個人利益而導致欺騙的跡象。其中一個案例是 1948 年出生在印度中央區的斯旺拉塔 · 米斯拉（Swarnlata Mishra），以下摘錄來自他的著作《二十案例示輪迴》（Twenty Cases Suggestive of Reincarnation）⑪：

> 當斯旺拉塔三歲的時候，她開始自發地回憶起一個名叫比耶·帕塔克（Biyi Pathak）女孩的前世生活，這個女孩住在 100 英里外的一個村莊。她回憶起一所白房子裡面的細節，它有四個房間，還有裝著鐵欄桿的黑色門和石地板。後來，人們找到了斯旺拉塔所描述的這座房子，並發現這裡曾經的確住了一個名叫比耶的女孩，她在斯旺拉塔出生 9 年前就去世了。當斯旺拉塔參觀這個房子時，認出了幾個家人和傭人，有一個人故意冒充比耶的親戚想要試探她，她並沒有上當。她甚至記得一些前世生活中的細節，比如她曾經在參加一次婚禮時找不到廁所。雖然她的父親並沒有阻止她回憶起這些前世記憶，但也沒有發現其他任何有欺騙動機的跡象。關於斯旺拉塔的故事，工作組總共收集了 49 個獨立要點，由至少一位獨立證人驗證每一個要點。除了輪迴，沒有什麼可以解釋得通。

伊恩·史蒂文森和同事們煞費苦心地從世界各地的各種文化和宗教中收集了總計 2600 多個案例。其中，有許多孩子來自第三世界國家，通常生活在與世隔絕、不受媒體污染的村莊裡，這種類型的社區排除了許多可能代替解釋輪迴的變量。他一共在書中發表了 65 個詳盡的案例，並在文章中發表了 260 個案例。

邁阿密大學著名的神經精神病學家布賴恩·魏斯博士（Dr Brian Weiss）冒著影響他聲譽和職業前途的風險，發表了一個在催眠過程中自發浮現前世記憶並迅速康復的案例。他在《前世今生》（Many Lives Many Masters）⑫一書中對這些經歷以及如何減輕個案的症狀進行了深入的現象描述。這個案例動搖了魏斯對前世的懷疑，他得出結論，一個人是否相信輪迴並不重要，只要以正確的方式邀請，人們就一定會進入前世故事。

如果意識能夠在死亡中倖存，還能進入前世的記憶，它是否也能連接到兩世之間的記憶呢？使用深度催眠的諮詢心理學家邁克爾·紐頓博士（Dr Michael Newton）發現，靈魂的回憶似乎會在前世回溯之後進入意識覺察之中。他用其命名的「兩世之間靈性回溯」（Life Between Lives Spiritual Regression）技術，在 30 年中與數千名案主合作，並將研究成果寫成了兩本廣為流傳的書－《靈魂的命運》（Destiny of Souls）⑬和《靈魂的旅程》（Journey of Souls）⑭。值得注意的是，儘管這些案主的前世不同，但他們在兩世之間所經歷的事件是相似的，包括他們會與指導靈一起回顧前世，和稱為「長老」的光之高靈們一起規劃下一世，以及和團體中的其他靈魂們一起工作等。

這一切似乎都證實了輪迴的存在，現在的西方世界也有越來越多的人開始相信這一點。比利時魯汶大學的加賀夫教授（Professor Kerkhofs）發起了一項研究，在西歐每個國家抽取 1,000 個樣本來研究西歐人對輪迴的信仰⑮。結果顯示，在歐洲相信輪迴的平均比例為 22%，冰島高達 41%，瑞士為 36%，英國為 29%。

前世回溯的案主體驗

我們可以花費大量的精力和腦力去證明或反駁前世記憶的真實性，但就像夢境治療師在分析夢境之前，沒有必要去證明夢的科學理論一樣，前世記憶也不需要在得到證明之後才能被應用於治療。對於一位希望治癒案主的治療師來說，他的首要任務是尊重案主內心世界的完整性。以下用一個案例來說明這一點：

海倫是一位 35 歲，聰明自信的單身女性，她是一名會計師，負責管理公司的商業帳目。她有一個一直反覆出現的念頭－「他們帶走了我的孩子們」。這很奇怪，因為她自己從未生過孩子。她會變得非常生氣，經常流淚，有時甚至無法工作，這種情況持續了大約 15 年。她還會做有關偷盜的噩夢，多年來見過各種治療師，但問題依然存在。

在瞭解了她的個人信息之後，我們就治療的目標達成了共識，首先是減少她「孩子們被帶走」這個強迫性念頭的頻率，然後再處理重複發生的偷盜噩夢。

海倫被要求躺在沙發上，重複說一句話：「他們帶走了我的孩子們」，然後她的腦海中不由自主地浮現出一幅畫面。在這幅畫面中，她是中世紀英格蘭的一位中年母親，沒有丈夫，帶著兩個孩子住在一間小屋裡。她描述自己穿著一條破舊的棕色長裙，頭髮扎在披巾後面，靠用草藥醫治附近村莊的人們來換取食物。當海倫開始描述有一群看起來像貴格會信徒的人衝進了她的房子，並指控她是女巫時，她的語氣變了。這名女醫的雙手被反綁在身後，帶到河邊，接著她被迫臉朝下，趴在岸邊上的一塊木板上，然後雙手被綁在木板下面。當海倫描述這段死亡時，呼吸困難，身體僵硬，很明顯她處於痛苦之中。我快速地帶她經過這段經歷，然後她的身體看上去放鬆多了。綁在木板上的女醫被人扔進了河裡，經歷了創傷性的溺水死亡。她臨終前的念頭是：「我為孩子們感到很難過，他們把我的孩子們從我身邊帶走了。」

女醫在離開她的身體後覺得很平靜，從上往下地看著她綁在木板上的屍體，看到貴格會教徒們也站在那看著她的屍體。我要求她連接孩子們的靈魂，在對話中，她為自己的離開向孩子們說對不起。我鼓勵她問問孩子們是否明白發生了什麼，她發現，在她死後，有另一個家庭收留和照顧了孩子們。我留意到海倫的胸中仍有些悲痛，就遞給她一個抱墊當作道具來擁抱孩子們，海倫借著這個動作釋放了心中的悲傷。接下來，她被要求與村民們的靈魂連接，一開始在沒有他人支持的情況下，她並不情願見他們，但後來還是看到了所有村民都在向她道歉。當她面對貴格會信徒們的靈魂時，海倫的聲音變得強硬起來：「你們沒有權利這樣對我。」顯然，她還沒有準備好原諒他們。

於是我要求海倫回到一個與這群貴格會信徒有關的前世。她自發地報告說感到肩膀疼痛，然後看到自己是一個身穿黑色斗篷的男盜賊，正試圖帶著贓物逃跑。這個盜賊騎著一匹馬，被追趕他的一群人射中了肩膀，馬也被射中，轉頭倒在地上。當人群趕到時，海倫自發地認出他們中的一些人正是在另一世中淹死女醫的貴格會信徒們。最後這個男盜賊被綁住雙手吊死。

男盜賊死後，我要求他去見追殺他人群的靈魂，為自己所做的事道歉，並保證不再偷盜。接著我要求海倫回到第一個前世，現在，她可以原諒貴格會信徒們的所作所為了。

海倫還發現前世和今生故事之間有一些模式。比如前世溺水和今生對水的恐懼之間存在著某種關聯。當海倫還是孩子的時候，她會在媽媽為她洗澡、或用水盆給她洗頭髮時尖叫。另一個模式是，她很難與像貴格會信徒這類的權威男士抗衡。

海倫在治療結束之後報告說，重複發生的偷盜噩夢和「孩子們被帶走」的念頭已經完全停止，而且她也不再害怕水了。後來，當一名男商人指責海倫在停車時撞了他的車時，她說：「以前，當我站在男性權威面前時，我的腿會軟成果凍，但這次我能夠堅定自己的立場，告訴他，這同樣也是他的過錯。」一年之後，海倫仍然保持著這些正面的轉變。

海倫是否想起了前世？還是，她只是替換了童年時期母親幫她洗髮時的痛苦記憶？也許，她的心靈以某種方式與英國中世紀一段普通的前世記憶自由地聯繫在了一起？所有的這些解釋都是可能的。然而重要的是，通過完全允許海倫的心靈跟隨自己的共鳴和聯想，她能夠到達解決問題和緩解症狀的彼岸。在治療中，重要的不是去試圖證明故事的真實性，而是要允許讓故事的療癒力來治癒案主。

海倫的案例展示了如何讓前世故事浮現和探索前世。治療師無需用任何特殊的方案來治療不同類型的問題，他們的角色只是簡單地提出問題和探索前世。在治療海倫的問題時，涉及到了在高維度中與前世其他超個人靈性人物和解與調解的過程。關於這一點，讀者可能會懷疑這到底是創造性的想像和對話，還是海倫在超常意識狀態下通過心靈感應與那些靈魂（Soul）的靈（Spirit）產生了連接？這將在後面進行討論。但無論這段經歷的現實如何，都為她今生種下了新的選擇。在前世中自發產生的寬恕會對一個人的心靈產生深遠的治療作用。

在經過兩個小時的治療後，海倫重複的強迫性想法發生了重大轉變。在廣受好評的《強迫症》（Obsessive Compulsive Disorder）⑯一書中，作者指出其他的治療方法只能減輕但不能消除強迫症，而且通常需要長達 45 個小時的治療。

回溯治療的重點

回溯治療不僅包括前世，也包括今生。案主會被引導回到過去，並被鼓勵重新體驗和解決過去的衝突，他們的意識往往無法觸及這些衝突，但它們卻一直影響著他們的精神和情緒穩定。打個比方，就像有一根造成身體不適的深埋的刺，把它拔掉之後，症狀就再也不會出現了。

傳統心理學認為，我們的個性是由我們對今生經歷過的事件的記憶所塑造的，包括一些明顯的人生轉變，比如親人去世、離婚或者人際關係困難等，回溯治療可以解決這類的問題。然而，早期的童年事件也可能會對一個人的個性產生重大影響。心理學的先驅鮑比（Bowlby）⑰發現，如果孩子缺乏來自父母或照顧者的愛，會影響孩子在以後的人生中建立情感紐帶的能力，他的研究還表明，這還會進一步導致青少年時期和成年之後的一些行為問題，包括自殘、抑鬱和廣泛性焦慮等。情感創傷和記憶印痕也會對個性產生強大的影響，當一件創傷性事件太過巨大或可怕，以至於無法被處理和整合到意識中時，它就會被埋進潛意識裡。這是弗洛伊德（Freud）思想的基礎，由心理學家克萊因（Klein）和溫尼科特（Winnicott）⑱進一步發展。我們許多非理性的恐懼和行為都可以追溯到潛意識中隱藏的記憶，簡單的例子有恐懼症（Phobia），複雜的例子有創傷後壓力（Post-traumatic Stress）。

然而，我們的個性似乎也可以由前世塑造。我工作中的一些例子可以讓我們瞭解一些前世回溯可治療的廣泛問題：

不安全感－源於前世在童年時期被遺棄和死亡。

抑鬱－「沒有希望了」的想法源於曾經做過奴隸的前世，或者在前世中死於缺少食物的飢荒。

恐懼症和非理性恐懼－來自前世中不尋常的恐懼，如對溺水、窒息、火、動物和刀具等的恐懼。

強迫性思維－「我需要保持清潔」的執念來自於一戰中發生在污穢戰壕中的創傷性死亡；「我需要再檢查一次」的執念來自於在前世中因為粗心大意而導致失去所愛之人。

重複痛苦的夢－由各種各樣未解決的前世滲入今生夢境所引起。

愧疚感和犧牲－「這都是我的錯」的想法來自於在前世中因領導軍隊而導致全員陣亡，或者曾殺害或背叛親友。

無法解釋的疼痛、緊張或麻木 – 在前世中曾遭受創傷或死亡，例如在戰鬥中頭部、胸部或四肢的受傷；或者因吊死或勒死而引起的喉嚨問題，或因毆打而引起的四肢疼痛。

驚恐發作 – 源於前世因強姦、酷刑、審訊或被遺棄在井中而致死的創傷性死亡。

憤怒或狂怒爆發 – 源於在前世中因入侵者、酷刑、背叛和不公正的社區驅逐而失去家庭和財產。

關係反覆破裂 – 往往來源於在前世中被所愛之人背叛，和扮演各種各樣的施害者和受害者角色。

感覺與他人分離和孤立 – 來源於在前世受到宗教、村莊和部落團體的排斥。

與其他治療方法一樣，回溯治療是建立在先驅的肩膀上和他們方法的多樣性上的。附錄一收錄了這些先驅們的歷史，以及一些使用回溯治療的研究總結。當我在 1990 年代進入前世回溯的領域時，花了很多時間與盡可能多的先驅們一起工作，儘管每位先驅都很出色，但他們似乎都只各自專注在一個方面。本書旨在匯集所有這些強大的治癒技術：包括使用催眠進行前世回溯，使用非催眠的橋接技術進行今生回溯和前世回溯，以及使用深度催眠進行靈性回溯。通過大量的案例研究，本書將會吸引那些想要學習新技術的治療師，以及任何對前世和兩世之間迷人的靈魂記憶感興趣的讀者們。

西方科學大部分的努力都是為了掌握物質世界。現在，前世回溯和靈性回溯為我們帶來了一場理解內在靈性世界的革命，它可以治癒我們永恆的靈魂。

2

前世回溯和靈性回溯理論

「我的兄弟，請聽我說，他說。
有三個真理是絕對的和不會遺失的，
但卻因為缺乏言語而保持著沉默。
人的靈魂是不朽的，它的未來是無限成長和輝煌的。
賦予生命的法則就住在我們裡面，是不死的，是永恆的。
你聽不見它、看不見它、聞不見它，
只有那些渴望感知的人才能覺察到它。
每個人都是他自己的絕對立法者，
分配自己的榮耀或陰鬱、獎賞或懲罰。
這些真理與生活本身一樣偉大，又與最簡單的頭腦一樣簡單。
如飢似渴地學習它們吧。」
——梅貝爾・柯林斯（Mabel Collins），
《白蓮牧歌》（Idyll of the White Lotus）。

現代西方科學已經證實物質世界是由能量構成，但尚未有理論來解釋直覺、精微體以及我們體驗到的非物質維度，也無法解釋人們的瀕死經歷以及兒童的前世，而這些案例卻又恰恰表明了意識的某些部分是完全獨立於肉體而存在的。在西方科學缺乏解釋的情況下，我們不得不求助於其他來源去建立有關前世的理論。

古代智慧

所有主要宗教的偉大老師們在世界各地所傳遞的是一種相同的基本真理，來幫助人們適應時代和文化。許多宗教觀點之間在外部形式上看上去似乎存在著衝突，但是當我們深入研究它們創始人的核心教義時，就會發現當中存在著一種非同尋常的和諧，這就是古代智慧（Ancient Wisdom），已經存在了數萬年。古代智慧是一條連接世界各地密教、靈性教導和土著教義的金線。

長久以來，這些教義並未被書寫下來，而是由個別老師口頭傳遞給一些宗教團體和秘密社團，例如卡巴拉派、艾賽尼派、蘇菲派、聖殿騎士團、玫瑰十字會、共濟會等[①]。在過去的 100 年間，開始有人將古代智慧書寫下來並在西方世界掀起了波瀾，其中一些是神智學協會的成員，包括 CW · 利德比特（CW Leadbeater）和安妮．貝桑特（Annie Besant）等作家，並由亞瑟 · 鮑威爾（Arthur Powell）總結成一系列的書籍，包括《以太體》（The Etheric Body）、《星光體》（The Astral Body）和《心智體》（The Mental Body）。還有來自烈火瑜伽協會的貢獻者（Agni Yoga Society）海倫娜 · 羅里奇（Helena Roerich）。另一位英國女士愛麗絲 · 貝利（Alice Bailey）掀起了下一波古代智慧的浪潮，她和藏族大師傑瓦爾 · 庫爾（Djwhal Khul）在20 世紀上半葉出版了一系列古代智慧的書籍，並創立了研究古代智慧的奧術學校（Arcane School）。

為了真正理解這種新的思維方式，我們必須拋棄狹隘的物質觀，即認為如果我們看不見、摸不到、聞不到和嚐不到某種東西，它就不是真實的。與需要無條件信仰的教條不同，古代智慧建立在一系列支配宇宙的靈性法則[②]之上，這些真理通過人們的生活經歷得到揭示和擴展。

第一法則－物質和精神的二元性

第一法則是對應法則（Law of Correspondence）。地球上所有的事物都有其靈性的對應，在由靈性能量和物質組成的單一源頭擴張並充滿整個宇宙之初，這種二元性就存在了。物質大爆炸的理論已被科學界廣泛接受，而能量本源③中與物質能量相對應的靈性能量，則在物質大爆炸中被分散成了較小的靈性能量，並由專門的光之高靈利用和創造新的靈魂④來滿足地球上日益增長的人口需求。每個人類的靈魂都是純正的靈性能量，其中記錄了每次肉身輪迴中積累的記憶和經驗。靈魂會隨著每次的人生經歷而成長，直到達到一個不需要輪迴的階段，除非它選擇繼續服務於一個更高的目的。生命的最終目的是與我們的靈性本源重聚。

當我們應用這個法則時會發現，在肉體與靈魂之間存在著一種叫做「直覺」的能量連接。在冥想、催眠或回溯過程的超常意識狀態中，這個能量連接會變得更容易被使用，人們使用心靈感應連接靈界的能力也會加強，並更容易獲得靈魂記憶和前世記憶。

也正是通過這個連接，一個人在死亡時刻未解決的想法、情緒和身體記憶會從肉體傳遞到靈魂，而承載這些記憶的媒介是一個圍繞在我們身體周圍的能量場，叫做精微體⑤。精微體有三種不同的振動能量，分別叫做以太、星光和心智。以太體緊挨著物質身體，包含了身體的記憶；星光體包圍著以太體，包含了情緒記憶；最外層的能量場是心智體，包含了思想。

傳統科學認為思想和情緒位於人類大腦的腦電波中，古代智慧則認為它們處於身體周圍的精微體中。打個比方就好像是 CD 中的音樂，音樂的源頭可能是在 CD 上，但是你不會說音樂的位置處在一個特定的物理位置。音樂是一種振動能量，存在於我們周圍的空氣中。

我們能量場中的前世回憶

一些人可以看見人體周圍有一層薄薄的灰色邊界，那就是以太體。它的目的是連接身體並使身體充滿活力，傳統針灸就是利用並通過操縱這個能量場來減輕身體的疼痛。以太體是構建胎兒身體各部分的藍圖，當靈魂投胎並與胎兒融合時，前世身體的記憶就會被轉移到胎兒身上。前文中提到過伊恩・史蒂文森對兒童的研究，他所提供的許多研究案例似乎都支持了這個論點，他發現有一些胎記、疤痕、身體畸形的部位和其他身體表症都與前世死亡有關。他所有的案例都有一個共同特徵，就是那些轉移到今生的身體特徵都與前世中暴力或創傷性的死亡有關。伊恩・史蒂文森的著作《輪迴轉世與生物學—於此相逢》（Where Reincarnation and Biology Intersect）[6]中有一個案例是來自加拿大的艾倫・甘伯（Alan Gamble）：

> 艾倫・甘伯的左手掌和手腕上有兩個胎記。當他回溯到前世時，談到了沃爾特的意外槍傷。在艾倫出生的三年前，沃爾特・威爾遜（Walter Wilson）在一個朋友的陪伴下前往不列顛哥倫比亞省的海邊釣魚。他們乘小船沿著海岸附近巡航，沃爾特看見水邊有一些水貂，於是就去取槍。他拿槍的時候用手握住了槍口，但卻不小心手滑，槍支掉落在木板上走了火，子彈意外射入沃爾特的左手，流了好多血。朋友幫他綁上簡陋自製的止血帶，然後駕船駛向最近的小鎮，但這也花了近十個小時的船程。因為朋友不知道止血帶需要定期鬆開，當他們到達鎮上時，沃爾特已經失去了知覺，傷口也已經壞疽，後來在醫院中去世。艾倫手掌上較小的胎記正好與沃爾特槍傷的入口相吻合，而手腕背面更大更明顯的胎記則與槍傷的出口相吻合。

今生無法解釋的疼痛和緊張可能是來自前世受到的一些傷害，比如絞刑、矛刺、劍傷、毆打及其他創傷等，而這些創傷記憶會被烙印在前世的以太體上。當一個人死後，以太能量場會和身體分離，並帶走這些影響來世的身體記憶。

下一個能量場叫做星光體，是儲存情緒的地方，通常肉眼看不見它。根據靈媒的描述，它處在身體周圍向外延伸半米左右的地方。死亡時，星光體會離開身體，並把未解決的情緒當作「凍結」的記憶帶走，比如恐懼、暴怒、羞愧、內疚、憤怒、悲傷、仇恨和絕望等最強烈的負面情緒。只有當相關的問題得到解決後，星光體才不會帶走凍結的情緒記憶。

心智能量場包含了我們已表達和未表達的思想，它延伸到我們身體周圍幾米的地方。即使沒有被表達出來，這一場域的思想也充滿了活力和力量。很多人有時會不自覺地感應到別人的想法，一個常見例子就是，當我們意識到有人從後面看我們時，往往可以轉身印證自己的感應是正確的。

這裡通過前世回溯中一位名叫羅茲的個案來說明能量場的影響。在接受治療時，羅茲談到自己成年後大部分時間裡都在忍受關節和身體各個部位的慢性疼痛，她看過醫生，但醫生只是將她的疼痛診斷為無法解釋。她是一個性格安靜的單身母親，育有四個小孩。當她說起和男人的關係時，聲音的語調會有所改變。她在談到專橫跋扈的父親、前夫、以及離婚後的現任男友時，說到「我什麼都做不了」，和「我無能為力」：

> 羅茲發現自己回溯到了維多利亞時期英格蘭的一個年輕女孩，從小被遺棄並由修女撫養長大。她離開了修女之後去了一間洗衣店工作，受到幾乎像奴隸一樣的對待，她必須長時間攪拌一個大熱鍋中的衣服，卻只得到極少的報酬。後來一個有錢的老男人喜歡上了她，並和她結了婚。這對這個年

輕姑娘來說就像實現了最瘋狂的夢想。然而，這個老男人並不想要一段親密關係，而只是把她作為毆打的對象來發洩生意中的挫敗感。她接受了自己的命運，因為她沒有親人，也無處可去，覺得沒人會相信一個沒受過教育的女孩。最終，在被丈夫狠狠毆打了一頓之後，她從樓梯上摔了下去，摔傷了腿、胳膊和身體，最後被拖進地窖，任由死在那裡。在死亡的時刻，她帶著身體上的痛苦、無能為力的感受以及「我什麼都做不了」的念頭離開了人世。

羅茲被回溯到年輕女孩的丈夫開始傷害她的時候，她側躺並捲縮著身子，呈現出這段經歷的姿勢。當她描述被毆打的經歷時，身體和聲音都在顫抖。我拿來一個抱枕，利用心理劇（Psychodrama）請她將抱枕當作丈夫用力把他推開。羅茲用拳頭痛打了一頓抱枕之後，說話的聲音像是煥發了新的生命，她嘆了口氣，看上去放鬆了下來。我接著引導年輕女孩到靈界中去面對丈夫的靈魂，丈夫感到十分羞愧，跪著請求她的原諒。有了剛剛得到的新力量，她現在只是為他感到難過。

治療結束之後，羅茲得以充滿勇氣地對峙男友，這是她以前從未對男人做過的事情。她身體和關節的疼痛也都消失了，並不再復發。

羅茲的案例說明了她「我什麼都做不了」的想法、無力感以及身體各部位無法解釋的疼痛，似乎都與她作為維多利亞女孩的前世有關，並演變成一個模式在今生不斷重複。

第二法則－業力

業力（Karma）是古代智慧的第二法則。在古梵文中它被翻譯為「行動」，是對正面行動和態度的回報，和對負面行為的懲罰。就像基督教的《聖經》所說：「人種的是什麼，收穫的也是什麼」，它可以被視為宇宙間責制的一種形式，我們被賦予自由意志來決定如何應對任何情況，並選擇在生活中製造、亦或是化解業力。

然而，業力要遠比這更為複雜。我們在不同的輪迴中被賦予不同的身體，通過體驗情境的正反兩面來學習和成長，而任何一世留下的未解決的業力都會被帶到另一世，下面這個例子是一位名叫珍妮的案主：

> 珍妮回溯到一個中世紀歐洲男人的前世，他被不同的城鎮雇傭來毆打民眾以維持秩序。他並不關心這些人是否無辜，只是用拳頭來恐嚇鎮上的人們。他帶領一群人由一個城鎮到另一個城鎮，人還沒到，消息就已經傳開了。終於，他在一個鎮上被當地人制服和圍毆，最後被人用鐐銬鎖著雙手站在一個平台上，面對一大群人。他不敢直視人群，最後被人用木樁砸死了。
>
> 珍妮被要求回到另一個與這一世有關的前世。她回溯到一個女孩的前世，小時候被殘酷的父母虐打，長大結婚之後又受到丈夫的毆打，最終被虐打致死。她臨死前的念頭是「總有一天我會報仇，我會像他們一樣強大。」

珍妮在其中一世是權力濫用的受害者，在另一世卻是濫用權力的迫害者。挫敗、背叛、被拋棄、失去孩子或親人、內疚和犧牲等等，這些都只是人們試圖化解的業力主題的一小部分。當人們理解了一個情境的正反兩面之後，才會寬恕他人和自己的過錯。但如果我們不能夠適宜地處理一個情境，就將面臨繼續處理相同或者相反的情境。業力讓我們從輪迴的生生世世中學習和受益，從而發展進化成為更高的存有。

為了打破業力循環，我們必須學會用不同的方式來應對人生道路上的問題。前世回溯的目的是為人們提供一個更大的視野、更多的選擇和理解，最後達成寬恕。

第三法則－轉世

千百年來，轉世（Reincarnation）一直是億萬人民經久不衰的世界性精神信仰，從北歐的凱爾特人和條頓人，到非洲、澳大利亞和美洲的土著人民，是一個由各大陸的民族各自獨立產生的全球性思想。數以億計的印度教徒、佛教徒和一些伊斯蘭蘇菲派都把轉世做為他們信仰的基石。還有一些神秘的基督教派也是接受轉世的，例如在公元一千年間，居於法國南部和意大利部分地區的卡特里派（Cathars）⑦。許多學者認為，公元 325 年，羅馬皇帝君士坦丁為了統一敵對的基督教派系，在尼西亞會議上刪除了基督教中有關轉世的書面記載。

轉世的一個重要目的是允許靈魂重返物質生活，去學習一些新的方法來解決前世帶來的舊問題。通過這些學習，靈魂會變得更加富有靈性覺知。以下的例子是一位名叫愛麗絲的個案，她回溯到了一名中世紀歐洲主教的前世：

> 這名主教並不像他的追隨者們所以為的那樣正直，他有一個和盜賊勾結的秘密，並將偷來的黃金藏在大教堂的地窖裡，就放在一塊隱秘的移動平板下面。後來有一次，八個當地的村民為了躲避一群強盜的追殺來到教堂求救，主教將他們安置在教堂唯一安全的地方，就是那個藏有被盜黃金的地

窖！雖然主教勇敢抵抗並最終趕走了強盜，但地窖中的人們卻已經窒息而死。他把屍體拖出地窖後，告訴其他村民是強盜害了他們。主教對自己做的事感到很內疚，從此發誓要效忠於教堂，並安排黃金重新出現，分發給有需要的人們。

主教去世之後去了靈界，愛麗絲自發地回憶起她與兩位高靈一起回顧前世的靈魂記憶。主教對自己的所作所為充滿了悔恨，然而高靈們向他指出，他一直受到當地人民的愛戴，還勇敢地反抗強盜，而且並非有意殺死村民。他做錯的地方只是在於濫用了自己的權力和責任，這將是他下輩子學習的重點。在治療尾聲，愛麗絲感受到了和高靈們在此次相遇中深深的平靜與愛，並且明白了為什麼她在面對涉及負責他人的工作時總會感到困難。

愛麗絲的經驗與邁克爾·紐頓關於兩世之間靈魂記憶的研究是一致的，我在《探索永恆的靈魂》（Exploring the Eternal Soul）⑧一書中也對此進行了探討。轉世是有計劃的，它的準備工作包括要為新的轉世選擇一個新的身體、父母、環境和文化，而參與這個計劃的指導靈會監督整個轉世的過程，它們瞭解靈魂的目的並會為其提供幫助。我們的個性是在靈魂和胎兒大腦融合的過程中形成的，當胎兒還在子宮內時，大腦尚處於一種可塑造的狀態。此後，前世和兩世之間的記憶便會逐漸消退，讓人們在新的生命中有一個嶄新的起點。記憶消退是出現在幼兒期的一個漸進過程，並不是突然發生的，這就解釋了為什麼有一些孩子會自發地回憶起前世。不過，早期的童年事件、當前生活中的情感遭遇、以及我們所處的文化，都會重新激發未解決的前世記憶。

古代智慧中用幾個稱為界（Realm）的存在層面（Existence）進一步解釋了轉世。為了幫助理解，我在這裡將它們簡化為三個界：物質界（The Physical）、靈界（The Spiritual）和神界（The Divine）。

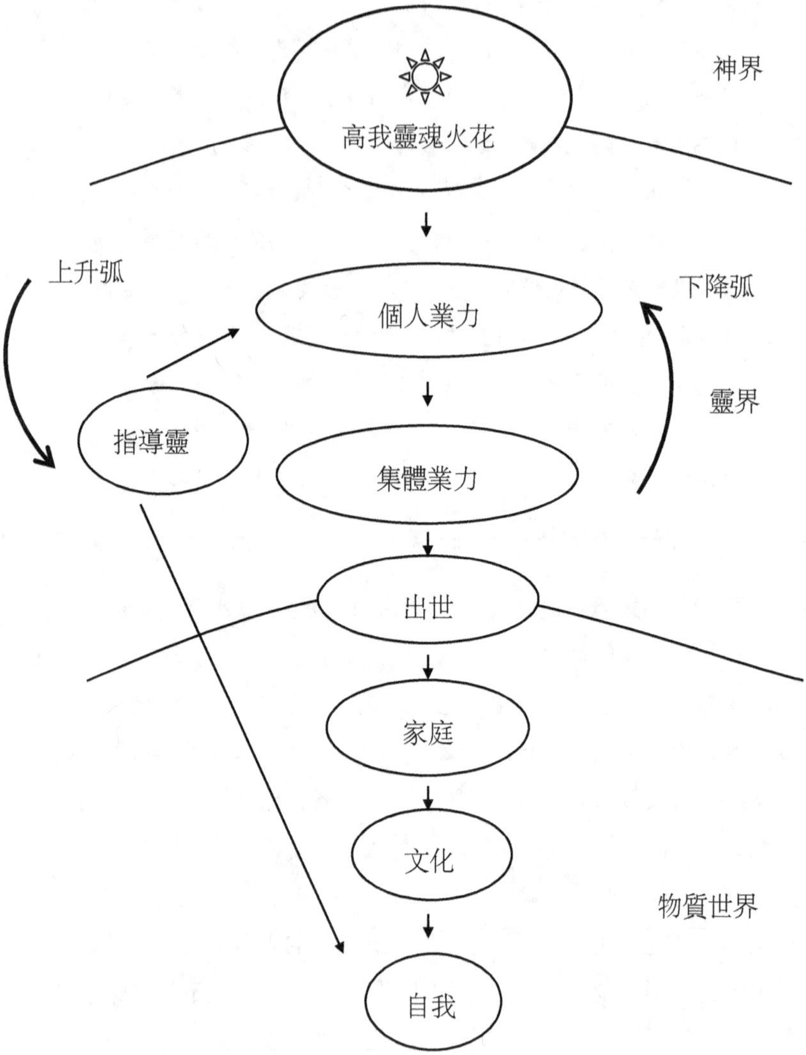

輪迴週期

改編自羅傑．伍爾格（Roger Woolger）的《三個世界與靈魂之旅》（The Three Worlds and Voyage of the Soul ）。

神界是純靈或高級天使智慧的世界，所有其他的世界都誕生於這裡。在《西藏生死書》（Tibetan Book of Living and Dying）[9]中，它被稱為「虛無中的純淨光」（The pure light of the void）和「地光明」（Ground luminosity），是神秘道教中「道」的「最高真理」，在基督教中，它被稱為聖父、聖子和聖靈[10]。在這種狀態中，人們不會說自己看得見光，因為他們就是這光的一部分，主體和客體之間不再有區別。

靈界，是靈魂的居所，是薩滿巫師可以看見的世界，是土著人的夢境，被唯靈論者稱作「夏日樂園」（Summerland）[11]。在佛教中，這個中間界指的是揭示無條件真理的「法性中陰」（Bardo of Dharmata）和「投生中陰」（Bardo of Rebirth）。它是物質世界和純粹精神的終極無形現實之間的中間點。在這裡，神話中的神和想像中的天堂地獄以一種非空間的關係共存，時間在這裡並不重要。

物質界是物理的感官世界，具有時間和空間的維度，以及物質身體的死亡。在印度教和佛教教義中，它被稱為「輪迴」（梵文 Samsara）－即存在的世界。物質界也是解決「因果業報」（梵文 Samskaras，意思是我們前世的舊習慣或思考方式）的地方。

第四法則－吸引他人來促進我們的靈性成長

吸引力法則包含了我們意圖的力量，其中一個體現就是它會吸引我們靈性成長所需要的人。以下案例來自一位名叫莎拉的案主，她回溯到一名 20 多歲年輕女子的前世：

> 她酗酒的父親經常虐待她，為了躲避父親，她和哥哥最後逃到了舊金山。她幸運地找到了一個安全之所，在一個寡

婦家做一份縫製衣服的工作，並得到了像朋友一般的對待。後來，一位男醫生走進了她的生活，希望她離開並嫁給他。因為不敢離開寡婦的安全庇護，她最終獨自一人傷心欲絕地死去。當她進入靈界時，自發地回憶起自己的靈魂記憶，並和三位人類形體的光靈一起回顧了自己的前世。

「這就像是我在面試一樣。這個房間有窗戶和書桌，我看到有一位小個子的女士和兩個男人坐在後面。他們讓我坐在椅子上，並用我能接受的方式展示他們自己。」

「他們有談論你的前世嗎？」

「那是非常緊張的一生，我沒有時間停下來思考或者做出選擇。我被放到一個嚴酷的情境裡去看我會如何做出反應。我需要學習在機會來臨的時候抓住它，辨認出我可以相信的人，而不是去質疑對與錯。當我在有機會的時候就應該跟那個男人走。正是因為我沒有抓住這個機會，所以在那一生中我有很多事情沒有做，也沒有充實自己的靈性。我讓我的靈魂團體和自己失望了。」

「你原本可以做什麼？」

「我原本應該跟著那個男人一起離開寡婦的。他是一名醫生，我本來可以擔任他的助手，不是配藥的工作，而是照顧他人。我必須得再來一次，我當時會害怕是因為那不是我所習慣的環境，所以當機會向我伸出手時，我沒有抓住，機會就溜走了。我讓所有人都失望了。」

「他們還說了什麼？」

「他們說『那就再來一次』。就好像我在看一個視頻，他們在不同的時間點按下暫停鍵，然後問我當時的感覺如何，以及原本應該做什麼。留在寡婦身邊並沒有錯，但是她還可以再找其他人，我不需要一直陪著她，而且我也還會一直在附近。我得和我的靈魂團體重聚，再來一次。那位前世的醫生會是我今生將要遇到的人。這次我最好要把它做對了。

（莎拉的臉上露出笑容。）

莎拉前世的計劃是與靈魂團體中扮演醫生的那位成員一起工作，這將幫助她的靈性成長，然而她也有自由意志去決定是否要抓住這個機會。

新的人生計劃會逐漸變得更加困難，但這會被設定在靈魂能夠成功實現其業力目標的能力範圍之內。艱苦的生活會加速靈魂實現業力目標，輕鬆的生活會增加轉世的次數。重要的是要在計劃中確保未解決的前世問題處於一個適當的難度水平。這些計劃通常是由靈魂與其他靈魂一起合作完成的，這便形成了一個通過共同協作來實現每個靈魂人生目標的複雜網絡。我們在今生會受到吸引來滿足人生的目標，並無意識地為重複業力模式而創造條件，比如背叛、虐待、孤獨、自願犧牲等，直到完成學習為止。

情結

情結（Complex）是指我們思想、情緒和身體上的不適已經超出了正常的生活情境，它可以被稱為抑鬱症、焦慮症、驚恐發作、憤怒、悲傷、恐懼症、強迫症和創傷後壓力等等。所有情結都有一個共同特徵，就是當一個人的觸發點被擊中時會激發一種相同的死板反應。比如一個抑鬱的人可能會產生「沒希望了」的想法，感覺到更加抑鬱，並且表現出缺乏能量的身體症狀；一個認為自己被控制的人可能會生氣和大發雷霆。情結也會產生自我挫敗的行為，一個難以與人建立關係的人可能會產生「我不夠好」的想法，阻止他們嘗試建立新的關係，從而導致孤獨或悲傷的感覺。

波蒂亞·尼爾森（Portia Nelson）在《人生五章》（Autobiography in Five Chapters）中用一首精彩的詩突出了情結的反覆性：

我走在街上。
人行道上有一個深洞。
我掉了進去。
我迷失了……我絕望了。
我花了很久的時間才爬出來。

我走上同一條街。
人行道上有一個深洞。
我假裝沒有看見它。
我又掉了進去。
我不敢相信我居然掉在同樣的地方。
但這是我的錯。
我仍然花了很長時間才爬出來。

我走上同一條街。
人行道上有一個深洞。
我看到它在那裡。
我还是掉了進去……這是一種習慣了。
我的眼睛睜開著。
我知道我在哪裡。
這是我的錯。
我立刻爬了出來。

我走上同一條街。
人行道上有一個深洞。
我繞道而過。

治療情結的一個重要部分是去找出需要學習的課題，消化吸收，並找出原因讓它不再重複發生。另一方面是清除情結的負荷（Charge），這在回溯治療中可以被追溯到今生或前世的源頭。比如前文中提到的在維多利亞時期被遺棄的孩子羅茲，她今生的關係問題就是源於前世被毆打的經歷。把這個浮現的故事講述出來，會開啟一個人自我療癒的資源，這些資源就可以被用來轉化使他們陷入困境的情結。

在西方心理學中，利用各種夢境、幻想和想像是治療師們促進療癒和解決心理衝突的最強大工具之一，這在附錄一中有進一步說明。然而，與東方世界偉大的心理靈性學科相比，西方仍處於起步階段。在經歷前世之後前往靈界，會使一個人打開自我，接受高我和靈性老師精神上的靈感和啟示。根據我與數百名案主合作的經驗，一個人是否相信前世和輪迴，不會影響他們能否成功體驗前世，試圖證明前世的真實性才會適得其反。我只是簡單地要求案主保持在他們內心世界的任何體驗之中，因為瞭解真相和寬恕的力量，已經足以幫助人們的靈魂自癒，並改變他們的今生。

總結

在西方科學對直覺、意識和瀕死經驗做出解釋之前，我們可以從古代智慧中尋找答案，它已經在這個星球上存在了數萬年。這四個法則為前世以及兩世之間靈魂記憶的理論奠定了基礎，說明了靈魂如何通過學習情境的正反兩面和停止重複舊模式來實現業力平衡。

它還解釋了未解決的身體、情緒和思想上的創傷是如何從前一世被轉移到下一世的。這些正是回溯治療釋放和轉化的重點。通過前世回溯和靈性回溯，案主可以看透今世生活中的困惑和幻像，並將這些洞見融入他們當前的生活中去。

3

進入前世

「旅程可以帶給你力量和愛。
如果你去不了什麼地方
就在自我的通道中前行吧。
他們就像不斷變化的光束，
當你探索它們時，你也會改變。」
——耶拉魯丁 · 魯米，13 世紀蘇菲派。

進入前世所需要的只是一種由意象引導的輕度的出神狀態（Trance），而進入兩世之間的靈魂記憶則需要一種深度的出神狀態。偶爾，前世的記憶也會以閃回、或夢的形式滲入到今生的記憶中來。自發看見前世在兒童中更為常見，這也一直是伊恩. 史蒂文森的研究領域。

橋接是回溯治療中進入前世的另一種常見方式。當一個人在談論他們的情結時，可能會出現一個想法、一種感覺或者身體緊張，它們就像一個觸發鍵，可以喚起一個人早期的回憶。比如憤怒的感覺可能會喚起我們曾被父母嘲笑的記憶，也可能會喚回一個在前世為奴受虐的畫面；喉嚨的緊綳感也許會讓一個人想起前世窒息或被絞死的故事。當這個按鈕被找到時，一個人可以立刻進入他們今生早期的記憶或者前世記憶中去。

催眠

出神狀態是當心智向內集中時產生的一種自然的意識狀態。舉個例子，當一個人沉浸在閱讀中時，會忘記時間或聽不到別人叫他的名字；另一個例子是當一個人在開了很久的車之後，卻幾乎對旅行的經過毫無印象。催眠是處理前世的一種傳統方法，治療師會和案主面對面坐在椅子上，引導案主進入出神狀態。在治療過程中，治療師需要為案主準備一張躺椅，提供頭部和身體的支撐，對於需要長達 4 個小時深度出神狀態的靈性回溯來說，最好準備一張沙發來完全地支撐整個身體。

15%的人具有很高的催眠接受性，很快就能夠進入出神狀態；70%的人具有中等程度的接受性，需要長時間的引導或者反覆催眠才能進入深度出神狀態；剩下 15%的人對催眠只有最低限度的反應。然而，如果案主之前曾經歷過出神狀態或者超常意識狀態，他們進入狀態的速度會更快、更深。

如果案主在開始引導之前表現得很緊張，治療師就需要和他們討論和解決他們的擔憂。建立關係永遠是首要也是最重要的考慮因素。用一種溫暖、理解、關心和尊重的方式建立關係，可以創造一種互信的氛圍。催眠是一種合作的工作，而不是一個人對另一個人做一件事情，因此把時間花在和案主建立人際關係上是很重要的。

下面的引導詞並非催眠教學，已經有許多優秀的書籍做到了這一點，許多讀者也有過接受催眠的經歷。這些引導詞主要包含了利用催眠帶人們進入前世的技巧，並解釋了如何最有效地使用附錄三中的腳本範例。出神狀態的導入形式有很多，包括漸進式放鬆法、分段法、混淆法、感覺超負荷法和固定法等。想要找到一個適用於所有案主的通用方法是比較困難的，有經驗的治療師們通常會使用自己偏愛的方法。就我個人而言，我更喜歡在漸進式放鬆之後再進行意象引導，這種方法似乎適用於更廣泛的人群。以下是一個漸進式放鬆的例子：

> 「現在將注意力集中在你的頭頂……讓肌肉中任何的緊張感都消失……放鬆，放下……注意你額頭上深深的放鬆和寧靜的沉重感……是否已經開始擴散……順著你的眼睛……你的臉……進入你的嘴巴……下巴……穿過脖子……深深的放鬆……感覺沉重」

通過感覺來感知世界的案主會對這個方法產生良好的反應，對於在治療前感到緊張的案主來說，這個方法也是一個放鬆身體和頭腦的機會。還有很多視覺化的案主，他們會對意象腳本產生良好的反應，治療師在做引導時需要完全吸引他們的注意力：

> 「想像你正在參觀一座美麗的鄉間別墅……在一個溫暖的……陽光明媚的夏日午後……你現在正站在樓梯的頂端……向下通往一扇大門……這是一座寬闊的樓梯……當你往下看時……你可以透過敞開著的大門窺見那迷人的鄉村花園……這是一個美麗的陽光明媚的夏日午後。」

治療師的聲音需要富有節奏，在引導過程中逐漸減慢說話的速度，並在一些關鍵詞的語調上做一些微妙的變化，比如「放鬆」、「更深」和「舒適」等。治療師想要訓練這種微妙語調的最有效的方法，是回聽自己錄製的自我催眠 CD。有時，治療師也可以播放一點柔和的背景音樂來幫助掩蓋背景的噪音，最有效的節奏頻率在 4 到 8 赫茲範圍內，這是人們開始入睡前 Theta 腦波的頻率範圍。許多為靈氣治療師錄製的 CD 都是合適的。

催眠狀態的表現包括呼吸減慢、下唇開始下垂、和面部肌肉組織變平。隨著血液循環減慢，一個人的面部皮膚會呈現出半透明的外觀。你還可以注意到他們閉著的眼瞼下方有閃跳的快速眼球活動，這是 Alpha 腦波頻率下的類夢境活動。

案主會發現自己完全沉浸在內心世界中，感知不到時間的方向。在這種深度放鬆的狀態下，前世記憶會很快進入到意識覺察中來。通常這只需要一種輕度的出神狀態，接著再使用各種類型的引導式意象法就可以幫助案主進入前世。比如穿過一座橋或是通過花園盡頭的一扇大門進入前世；也可以是乘船漂到對岸去尋找前世；又或者是置身於建築物大廳的許多扇門之中，推開其中任意一扇門通向前世。無論是使用哪種引導式意象，治療師都需要明確前世回溯的意圖，比如前往一個積極的前世，或是一個與今生問題有關的前世。

情緒橋接

當人們被要求專注於一種情緒時，他們很快就會進入一種超常意識狀態，米爾頓 · 艾瑞克森（Milton Erickson）①將此稱為「常見的日常出神行為」。史蒂文 · 沃林斯基（Steven Wolinsky）②在他的著作《生活在出神狀態中》（Trances People Live）認為，人們生活中的大部分時間都是在出神狀態中度過的，比如說焦慮是一種生活在未來的出神狀態，內疚是一種生活在過去的出神狀態。

用一位 27 歲名叫瓊安的個案來說明情緒橋接（Emotional Bridge）。瓊安是一位年輕女士，她在男友離開後經歷了第三次流產，從此反覆出現了感到絕望的情緒問題。在面談中，這個情緒出現了：

「對你來說最糟糕的時刻是什麼？」

「是當他離開的時候，我感到很失望。」

「你現在有這種感覺嗎？」

「是的。」

「這些情緒在你身體的哪個部位？」

「我的眼睛。」

「回到你第一次經歷這些情緒的時候。」

「我在看掃描儀，我能看到胎兒，它的小胳膊和小腿。這真是生命的奇蹟，現在卻已經不在了。」（瓊安說這些話的時候，聲音因為情緒張力而變硬了。她輕輕地抽泣了幾聲後就停了。）

「你現在有什麼感覺？」

「我感到絕望。」

「深深地進入到『絕望』中去……回到你第一次經歷絕望的時候……現在正在發生什麼事？」

瓊安回溯到一名維京戰士的前世，他被迫違背自己的意願與另一個部落作戰。這名維京戰士抓住一次機會離開了戰鬥，回到和妻子住的小屋。一名戰友找到他，告訴他需要繼續回去戰鬥。他拒絕了，因為他認為和其他維京兄弟在封建世仇中廝殺是沒有意義的，最好的解決辦法是讓大家一起談論彼此的分歧。後來，他被當作懦夫拖到大議會面前。他為自己辯護說殺害另一條生命是錯誤的。他被綁住雙手，塞住嘴巴，以阻止說出這種「危險」的話。最後，他被人從家人身邊拖走，帶到一艘船上扔進海裡淹死了。

當案主談論他們的問題時，下面的問題可以讓埋藏的情緒浮現出來:

對你來說最糟糕的時刻是什麼?

當情緒浮現時，詢問情緒在身體內的位置可以強化這種情緒:

你在身體哪個部位可以感受到這個情緒?

情緒橋接就是利用出現的這個情緒，讓案主前往第一次體驗到這個情緒的時刻，這可能是發生在今生早期、或是前世的記憶:

回到你第一次體驗這種情緒的時刻……現在正在發生什麼?

如果今生的記憶出現了，可以把出現的任何情緒都釋放掉，然後再重新橋接前往前世。如果情緒沒有出現，治療師就需要更深入地探索案主的問題。當某種情緒浮出水面時，它會變成了一種聯繫，連接過去曾體驗過的類似情緒。

語言橋接

語言是代表我們想法、思想和記憶的符號系統。那些用來形容我們內在感受和身體感覺的詞語具有特殊的含義，即使不是雅緻的詞語，每一個特定的短語或詞語，或聲音的語調，都與一種內在的體驗有關。

我有一位名叫克斯蒂的案主，是個單身女商人，她的人際關係反覆出現問題。當她在面談中開始講述一段失敗的戀情時，語氣變得堅硬起來:

「他打算去和那個被安排好的女人結婚，即使我知道我們的關係不會有什麼結果，我卻還是任由這段關係繼續下去。」

「當事情沒有按照你想要的方式發展時，你有什麼感覺？」

「生氣。」

「在這種情緒下，有什麼想說的話呢？」

「我不會再忍受這種事了，你竟敢這樣對我？我不想成為一名受害者。（她的聲音在這時變堅硬了。）

「哪句話感覺最有份量？」

「我不想成為一名受害者。」

「我要你深吸一口氣，重複幾次這句話，看看會發生什麼。」

「我拒絕成為受害者……我拒絕成為受害者……我拒絕成為受害者。」（這時，她的聲音中強烈地傳達出了一種情緒。）

「你現在有什麼感覺？」

「憤怒。」

「回到你第一次體驗這種憤怒的時候。你腦海中浮現的第一個畫面是什麼？」

「水。好像是一個湖。」

克斯蒂接著講述了一位農民兒子的前世，他不幸被村民們拖下水裡淹死了。在這之前他認識了一個有錢人的女兒，兩人墜入愛河，但因為社會地位的差異，他們不得不秘密會面。最後，有人把他們的事情報告給了女孩的父親，女孩的父親叫了一群村民把他抓走，綁在一個黑暗的穀倉裡阻止他們見面。後來這群人想拿他作打鬥的對象，就把他帶到外面和女孩父親的一個手下對打。當這群人開始互相打架時，他設法溜到一條船上躲藏起來，但後來被村民們找到並淹死了。

當克斯蒂重複說「我拒絕成為受害者」時，這句話就像一個能量轉化器，激活了她壓抑的情緒，很快就讓她回溯到了前世。當案主在面談中描述問題時，治療師要傾聽並寫下關鍵的描述性短語，或者是具有情緒張力的短語。這些短語經常是重複性的，或者可能伴隨著一個身體的動作和收緊，和呼吸的改變。治療師可以要求案主重複說這些短語：

深吸一口氣，重複幾次這些話，看看會發生什麼。

這些短語總是會和某種情緒有關聯：

你現在正在經歷什麼情緒？

一旦情緒浮出水面，就可以使用前文提到的情緒橋接。創立格式塔療法（Gestalt Therapy）的弗里茲・皮爾斯（Fritz Perls）和前世回溯的創始人之一莫里斯・尼瑟頓（Morris Netherton）[3]都會使用短語做為情結的焦點。最好要讓案主自己重複這個短語，因為他們說這句話的方式可能會有一些特殊的含義。「我什麼也不會說」這句話可能是關於前世中被審訊的囚犯的恐懼；「只有我自己一個人」這句話可能是關於前世在樹林中迷路的孩子的悲傷。如果一句短語沒有引起情緒波動，也不會有什麼損失，治療師可以繼續面談。

身體橋接

當案主在討論問題時，他們可能會出現一些醫學無法解釋的自發性緊張或疼痛。這些身體上的感覺包括窒息、偏頭痛、頭痛、背痛、胃痛、或者一些慢性發作模式等。通常，它們可能是前世創傷時身體上殘留的感覺[4]。

這一點用工作坊的一個學生艾倫的症狀來說明。他反覆出現喉嚨繃緊和低能量的狀態：

「你的喉嚨有什麼感覺？」

「變硬和變緊。」

「把你所有的意識都放在喉嚨上，現在發生什麼事？」

「越來越緊了，我感到呼吸困難。」

「配合這種感覺來調整自己身體、手臂和腿的姿勢位置。」（艾倫把雙手放在胸前，手掌朝外，顯得很痛苦。）

「我快沒氣了。」

「告訴我，你腦海中出現的第一個畫面是什麼？」

「有個男人正用手掐著我的喉嚨。」

艾倫回溯到維多利亞時代一個被勒死的女僕的前世。她住在一家酒館樓上的房間，和工作的大房子僅隔著一條小巷。一天晚上，大房子的主人敲開了她房間的門。當他走進來的時候，她注意到他手上戴著皮手套，臉上面無表情，看起來像是凍僵了的面具。當他襲擊並開始勒死她的時候，她體驗到了一種抵抗無果的絕望。

身體橋接從將注意力放在身體的時候開始：

你的身體裡有什麼感覺？

一些案主不習慣描述他們身體上的感覺，因此可能需要問一些方向性的問題來幫助他們說出這些感覺：

這種感覺是在身體的表層還是深層？

它是尖銳的還是遲鈍的？

是緊繃的還是麻木的？

也可以要求案主調整姿勢來強化這些感覺。在深層的潛意識中，他們通常會重現今生早期事件或前世中被凍結的身體記憶的姿勢：

配合這種感覺去調整自己身體、手臂和腿的姿勢和位置。

案主在治療師的沙發上需要有足夠的活動空間挪動身體，並可能需要鼓勵他進一步調整姿勢。這可能會涉及一系列不同的姿勢，包括身體蜷縮起來，雙手舉過頭頂，或用手抓著肚子等。前世的畫面往往會迅速浮現：

告訴我你腦海中出現的第一個畫面是什麼？

如果沒有觸發記憶或前世，就可能需要重複以上的順序，即先關注身體的感覺，再重新調整身體的姿勢，最後用「好像」句來提問。一些暗示通常可以幫助觸發和浮現前世。

就好像……現在正在發生什麼事？

對於胸悶的感覺，案主可能會回答：「就好像有一棵樹壓得我動不了」；或者「就好像有一塊石頭壓碎了我的胸膛」；又或者「就好像有根繩子綁在我的胸口一樣」。

能量掃描橋接

案主的精微體中包含了未竟事務（Unfinished Business）的記憶，能量掃描是在橋接之前放大這些記憶的一種方法。

一位名叫蘇的案主是在大公司工作的年輕畢業生。她和現任男友在一起時總是感到無法控制自己，這很不尋常，因為她感到自己可以控制生活中所有其他的方面。她懷疑自己曾被前男友酒後強姦，但對這件事情她並沒有詳細的記憶，也沒有明顯的症狀，只記得當天早上醒來後發現有些不對勁。當她躺下接受治療時，我用能量掃描來確認問題的根源：

「現在我要掃描你的能量場，尋找與「無法控制」有關的障礙。我的手會保持在你身體上方幾英寸的距離，從腳趾到頭部慢慢移動，閉上雙眼專注於你身體周圍的區域，當你感覺到有什麼阻塞時告訴我，這也可能是輕盈或沉重的感覺……緊張……或者某些其他的身體感覺……或者你也可能意識到有一種情緒。」

（掃描開始。）

「現在從你腳部周圍的能量開始……小腿……膝蓋……」

（從身體各個部位繼續掃描她的能量場，直到頭頂。在進行第二次掃描時……）

「**我感覺到小腿刺痛。**」

（掃描停留在這個部位附近。）

「把注意力集中在有刺痛感的部位……是一條腿還是兩條腿都有感覺……是大面積還是小面積？」

「**我的左邊的小腿感到刺痛。**」

「把你所有的意識都放在這個部位，然後告訴我發生了什麼？」

「**這更像是麻木的感覺。**」

「配合這種感覺去調整自己身體、手臂和腿的姿勢和位置。」

（蘇側躺著，捲起身子，左腿向外彎曲。）

「你的左腿現在怎麼了？就好像……現在正在發生什麼事？」

（蘇開始哭泣）

「就好像有人抓住了我的腳。是約翰（她的前男友）。他抓著我的腳。噢……我無法掙脫。」

（在情緒的洪流中，這個故事開始浮現）

作為一個不表露情感的分析型人士，蘇對自己身體記憶中所保存的情緒感到驚訝。我並沒有建議任何回溯的方向，是能量掃描後的身體橋接將她直接帶到了情結開始的時候。這個案例中的情結是關於今生未解決的問題，但同樣它也可能帶她回到前世。

漢斯．天丹（Hans TenDam）把能量掃描叫做「氣場探索」，他會要求他的案主自己掃描能量場。儘管能量掃描有它的好處，但我發現，在掃描過程中治療師的能量似乎會和案主共鳴，並放大案主的舊傷口。另外，能量掃描也可以檢測到其他的能量，這將在後面進行介紹。出於這些原因，在掃描時，治療師必須明確表達意圖：

「現在我將掃描你的能量場，尋找一個與……（案主的問題）**有關的障礙。」**

在掃描過程中，治療師可以將案主的注意力引導至不同身體部位周圍的區域。案主的敏感度會隨著每次掃描提高，所以通常只需要進行兩到三次掃描即可。大多數治療師用自己的雙手就可以檢查到能量場中的障礙，但是最好是以案主的反饋為主要依據。如果案主報告了多種感覺，可以使用最強烈的那個感覺。在能量掃描之後就可以使用身體橋接。

視覺橋接

有時前世的片段會滲透到我們的意識中，這些片段中的視覺部分可以作為直接進入前世的入口。一位名叫珍妮的個案在超重30磅後一直努力節食，不幸的是，每當她嘗試節食的時候，腦海中都會閃回集中營的畫面，她不得不因此停止節食。在漸進式放鬆之後，我使用了視覺橋接：

「專注於閃回記憶中最強烈的部分，當你準備好就描述一下正在發生的事情。」

「我是一個猶太婦女，快要餓死了。」

「你穿著什麼衣服？」

「一件棉質的連衣裙，沒有形狀，長及膝蓋。」

「衣服的材質觸感如何？」

「它的做工很粗糙，除了靴子，我只穿了這麼多。」

「注意一下身體的感覺。」

「我很冷，沒有什麼東西可以拿來禦寒。噢，我可憐的身體，因為飢餓而疼痛。」

珍妮接著描述了二戰期間德國和波蘭邊境集中營裡一名 32 歲女囚的生活。她在一個小營地裡工作，為大營地準備食物。一場鼠疫後，老鼠們開始一邊自我繁殖一邊吃食大營地中的屍體。最後由於飢餓，她把一條毯子蓋在身上，在肚子上打了個結，意識時而清醒時而昏迷。當她最終去世時，帶走了飢餓、虛弱和寒冷的記憶。

有時，前世的片段會以噩夢或反覆出現的強烈夢境的形式出現。有通靈、靈視和強烈直覺的人通常可以調整狀態，自己進入這些前世的片段。對於其他希望進一步探索前世的案主來說，最簡單的方法是利用輕度出神狀態，要求他們將注意力集中在前世片段中最強烈的部分。進入故事通常很容易，但案主可能會以解離（Disassociated）的方式來講述故事。在珍妮的案例中，治療師一開始是提問一些能喚起她對身體感覺記憶的問題來增強前世的記憶，然後再對前世進行探索和轉化。

克服障礙進入前世

有時候，回溯治療過程中發生的障礙可能是因為觸動了案主的核心情結而產生的，這時候借助身體記憶可以讓前世故事迅速浮現。一位名叫溫迪的個案在談到自己的個人經歷時，至少說了三次「我做不到」，似乎她的一生都在用這種消極的自我對話來破壞她生活中的所有努力。她是一個靠收入維持生計的單身媽媽，迫切地想要改變自己的生活方向：

> 當溫迪準備躺下做回溯治療時，她突然坐起來說：「我想我做不到」。我要求她躺下來，重複這句話，看看會出現什麼情緒或感覺。溫迪說她背部感到疼痛，我要求她調整姿勢來配合這種感覺。溫迪合起雙手舉到頭頂上方，喘著氣說：「噢，我的背，我什麼也不會說的。他們在用鞭子抽我，我做不到了。噢，救救我，我動不了了。」溫迪繼續描述了她的前世經歷，她被人固定住腿，拉扯著伸直手臂。前世中的她是一個圓潤的老婦人，曾帶領當地的村民反抗一個殘暴的地主，即使她後來受到嚴刑拷打，她也不願告訴他們想要的信息。治療結束後，溫迪說：「難怪我不喜歡別人試圖控制我。現在我知道為什麼這輩子一直認為自己做不到了。」

有些人會大量地使用大腦的邏輯部分，很難使用以想像力和直覺為基礎的腦右半球。過度活躍的分析性頭腦也可能會阻礙前世回溯，以下用一位名叫約翰的案例來說明：

「什麼都沒有，我看不見。」

「讓第一個畫面或想法出現在你腦海中，然後把它說出來。」

「什麼都沒有，我看不見。」

「睜開眼睛，告訴我你剛剛經歷了什麼？」

「什麼也沒有發生。」

「有些人會像做夢一樣經歷前世，他們知道它正在發生，但並不像我們用感官去看和聽那樣的清晰。有時他們會看到畫面，有時他們會感受到它正在發生，有時他們會不由自主地想到一些詞語。」

「我記不得做過的夢。」

「我希望你再試一次，就編一個故事，通常這些故事會自發地變成前世。」

「我這個人沒有創意。」

「你有沒有曾經給孫子們編過故事？」

「有。」

「好，那現在就這麼編。躺回去，就編一個故事，用你自己的方式去體驗世界。」

（在經過更深度的出神狀態和意象引導之後）

「我站在一艘船的瞭望臺上，這是一艘木船，有一艘軍艦正向我們駛來。」

約翰接著描述了作為一名法國水手的前世經歷，當時正值 19 世紀，一艘英國軍艦與他所在的法國戰艦之間展開了一場戰鬥。他站在瞭望臺上被敵軍的槍擊中，掉下來後摔死在下面的甲板上。治療之後他說：「我一直對那個時期的海戰非常著迷，但我從來沒有想過我會是站在法國這邊。當我被槍擊摔死之前，還能感到胸口有一陣疼痛。」

混淆法催眠引導詞可以幫助分析型案主進入思維不活躍的出神狀態。有時當這類障礙出現時，只要允許案主編造一個故事，然後他們的直覺就會接管一切。在開始前世治療之前，治療師也可以告訴案主，有些人的分析性思維會質疑故事的真實性。還可以提醒，就像他們不會在一場電影的中途停下來，而是會等到最後再去討論分析電影一樣，當前世故事出現的時候也請不要在中間停下來分析。能夠幫助案主確認前世是否真實的因素包括：故事是否以自發和意外的方式出現，和前世有關的情緒和身體感覺，以及前世今生的模式等。

侵入性能量也可能會阻礙案主進入前世。第 9 章會討論如何識別和清除這類能量。

總結

接受過催眠訓練的治療師可以將案主帶入出神狀態之後，再引導他們進入前世，這只需要輕度出神狀態再加各式引導式的意象腳本就可以做到。如果案主只是想要體驗前世，這通常會是一個首選的方法，因為催眠下的出神狀態會減少來自情緒和身體感覺的影響。如果想要進入一個和案主問題有關的前世，就需要申明這個意圖。

侵入性能量可能會阻礙治療，需要被清除。活躍的分析性思維也會對治療造成障礙。在面談中幫助案主設定對前世經歷的期望，或是在引導時加深出神狀態，都會對治療有所幫助。

回溯治療的重點是解決案主的問題，與問題的相關症狀包括令人不安的想法，負面情緒，有時甚至是身體緊張或無法解釋的疼痛。當案主在討論他們的問題時，可以要求他們談論最糟糕的部分來加強這些情緒，或者重複相關的短語和連接身體的感覺。如果在面談過程中出現了情緒或身體緊張，它們可以被用作通往今生或前世問題根源的橋樑。能量掃描是一個快速放大身體感覺的方法，可以和身體橋接一起使用來克服許多的障礙。

經驗不足的治療師在應用橋接技巧時，可能需要多嘗試幾次才能找到正確的橋接方法帶案主進入前世。如果所使用的橋接沒有連接到情結也不會有任何損失，治療師可以和案主多談論一些他們的問題，然後另一個橋接可能會出現，或者可也以使用催眠引導。重要的是不要停下來或讓它成為一個大問題，而是要像鎖匠一樣嘗試不同的鑰匙，直到打開門為止。

4

探索前世

「大道無門，
千差有路；
透得此關，
乾坤獨步。」
——無門慧開，中國禪宗大師。

許多剛接觸前世工作的學生可能會認為把案主帶進前世就已經足夠了，但這只是相對容易的一個部分。緊接著的任務是要將前世如實地帶回意識中，並在前世中導航來找到造成情結的起點，這個起點往往是一件創傷性事件。在這過程中可能會涉及處理由這些舊記憶所自發釋放的能量，即所謂的宣洩（Catharsis）。

具身化人物和建立場景

當前世的第一個畫面出現的時候，重要的是要確保案主具身化（Embody）前世的個性，這可以通過詢問前世人物的細節以及他們穿著的衣物來做到：

你的腳上有什麼……是光著腳還是穿著鞋？

你身上穿的是什麼衣服?

詳細描述一下你的衣服。

你帶了什麼東西嗎?

你是男人還是女人……年輕還是年老?

正常的回答應該是現在時態*的，例如「我現在穿著一件破衣服」和「我腳上什麼都沒有」。如果案主的回答是從遠處描述一個場景的，那表示他沒並有具身化前世人物，需要進一步鼓勵案主進入人物內心來報告這個故事。例如，如果案主說：「我可以看到自己站在懸崖邊緣上，即將被逼著跳下去」，那麼治療師可以這樣回應：「讓自己完全進入你的身體……接下來你發生了什麼？」或者，也可以問關於身體感覺的問題：

你覺得熱還是冷?

你的衣服貼在皮膚上的感覺是怎麼樣的?

吸一口氣，聞一聞空氣中的味道……告訴我你注意到什麼。

花時間具身化前世人物，可以幫助案主完全連接前世，並為場景的出現奠定基礎：

---

*譯注：中文需要留意「現在」、「正在」等時間副詞和整體語境。

你意識到周圍有些什麼事物嗎?

你是在郊外還是在一些建築物附近?

詳細描述一下。

你是一個人還是和別人在一起?

其他人在做什麼?

治療師可能會對情況感到好奇，並想瞭解盡可能多的細節，但治療師的問題要根據案主對上一個問題的回答來提出才能保持故事的流暢性。花一些時間探索這些問題，不僅可以為故事建立背景，也可以借此確認案主是進入了前世還是回到了今生早期的記憶。如果治療師不能確定，也可以直接問案主。

為了在引導回溯的過程中獲得最佳效果，向前世人物提問時需要使用現在時態，即「你現在在做什麼？」或者「小女孩，你現在在做什麼？」。明智的治療師會避免提問「為什麼」這樣的問題，因為這會讓人從直覺性的前世回憶進入左腦的邏輯思考。治療師只需要保持故事的通暢就可以。

最好也要避免提問前世的細節，例如年份、國王或當地統治者等。對於治療來說這些細節是不必要的，而且當時的年代很可能沒有這些信息。許多前世發生在沒有年份知識的土著部落中，或是沒有人能讀會寫的村莊社區中。如果有必要的話，這類問題可以在治療尾聲回顧前世的時候提出。

當案主做出回應時，治療師可以重複他們的用詞和說話的方式。這種鏡像模仿（Mirroring）的技巧可以維繫與案主融洽的治療關係，並保持故事的發展勢頭。所以認真傾聽並僅使用案主的原話是很重要的：

「你穿著什麼衣服？」

「除了我腰上的一塊獸皮外，什麼都沒有。」

「一塊獸皮……你的皮膚是什麼顏色的？」

「棕褐色。」

「棕褐色……你是男人還是女人？」

「男人，我很年輕。」

「男人，很年輕……你周圍還有其他人嗎？」

「是的，有些男人和女人看著我，他們的膚色比我深。」

「有男人和女人看著……，你還注意到了什麼？」

「其中一個人正在用矛指著我大喊大叫。」

在時間線中移動

具身化人物和建立好場景之後，治療師就可以收集餘下的前世故事了。通常情況下，這個過程會朝著死亡點的方向前進。但是在死亡點之後，也可能需要回到前世開頭去收集更多的信息，這一點通過一位名叫瑪姬的案例中來說明。瑪姬因為不願意承擔管理人事的責任在工作中遇到了衝突，這阻礙了她的職業發展。她回溯到在地中海的一艘船上做奴隸主的前世：

他身材高大，皮膚黝黑，身上裹著一塊白布，腰間繫著一條金屬包裹的皮帶，腳上穿著皮涼鞋，手裡握著一條鞭子，站在一艘敞篷船上，船的兩層甲板載滿了划船的奴隸。這艘船穿越在地中海之間運輸香料、糖和絲綢。船上大多數的奴隸都是黑人，被鐵鏈鎖在甲板上，他的工作就是一直鞭打他們，逼他們划快一些。有人向他付了一筆傭金，要求他儘快到達港口，這使他變得格外殘忍。他描述奴隸們看著他的時候眼神充滿了恐懼。看到這一幕，瑪姫的聲調變了：「我痛恨自己對他們做的事情」，然後開始輕聲抽泣。

接著，這位奴隸主被要求前往下一個重要事件，他描述了自己因過量服用草藥止痛劑而導致意外死亡的事件。死後，他離開了自己的屍體，俯視著船，看到接替他工作的人在繼續鞭打著奴隸們。在面對被他傷害過的前世人物之前，重要的是需要找出讓他變成這樣的原因。於是奴隸主被要求回到前世的第一個重要事件。他回憶起當自己還是一個小男孩的時候，父親是個高大強壯的鐵匠。父親一邊打他一邊說：「你必須要堅強才能在這個世界上生存下去」。這是他的父親試圖教導兒子強硬起來的方式。在收集了有關前世所有重要事件的信息之後，治療過程回到了靈界，去面對被他虐待過的奴隸和虐待過他的父親。通過對話，瑪姫找到了寬恕，並深刻地意識到，她並不需要逃避對他人的責任，而是要避免去傷害自己所負責的人。

前世的進入點可能會處在一場危機之中，例如正在被處決、被掐死或在戰鬥中殺人；相反，也可能處在一個平靜而緩慢的場景中，例如躺在田野上、沿著小路走或是待在家中。隨著治療師對情境的提問，前世故事就會開始浮出水面。通常情況下前世故事的走向是未知的，因此要根據案主的回答來提出問題。在收集完當前場景的所有信息之後，治療師就可以調查更多關於前世的信息了：

接下來發生了什麼？

這個問題可以拿來經常使用，它能讓故事浮出水面，並最終找到情結的源頭。如果出現了一些無關緊要的信息，也許就是前往前世其他部分的時候了。可以通過以下問題來確認：

在我們繼續之前，還有什麼其他重要的事情嗎？

在時間線中前進到其他的前世部分，就好像是按一下錄像機的快進鍵，案主會立即跳到那個時間點：

當我數到三時，我要你前往下一個重要事件。1…… 2…… 3……告訴我現在正在發生什麼事。

如果治療師花了足夠的時間來具身化人物，案主會更容易服從這個指令。通常情況下，最好讓前世故事朝著死亡點的方向發展。如果前世的進入點接近死亡點，那麼可以在經過死亡點之後，將案主帶回前世的第一個重要事件去開啟新的信息：

當我數到三時，我要你回到這個前世中的第一個重要事件。1…… 2…… 3……現在正在發生什麼事？

在說時間指令時，治療師的語氣最好是堅定和命令性的。有時，我會聽到新學生說的句子模棱兩可，例如「你願意去下一個重要事件嗎？」或者「如果你覺得可以的話，請前往下一個重要事件」。我告訴他們應該避免這一類的語句，因為下一個事件可能會是這個前世的重要組成部分。如果不使用明確的指示，就有可能無法訪問前世的某一個部分，並且丟失重要的信息。前往這些重要事件可以收集到關於不同場景的信息，從而瞭解整個前世的故事。

重要事件有時會是一個情結的起點。其中一種複雜的情結被稱為「關閉」（Shutdown），這可能是因為前世人物經歷了某種挫敗，例如身體被岩石困住等，通常會伴隨諸如「我再也不想體會這種感覺了」或「沒希望了」之類的想法。它也可以通過生命能量的喪失來識別，比如身體姿勢變得僵硬或發抖，或聲音發生變化等。

有時當一個人在前世經歷巨大的改變時，這個重要事件會成為一個「轉折點」（Turning point），比如一個孩子從母親身邊被奪走，一個富人失去了所有的財富和權力，或者一個人曾經與愛人一起生活，但後來孤獨一生等等。在瑪姬的案例中，這個轉折點就發生在鐵匠父親打小男孩的時候。在治療過程中，可以先找到這個轉折點，再慢慢回顧以做理解。

必須允許前世故事隨著它的發生而展開，這樣治療師就可以注意到所有的關閉點或轉折點，以及當中相關的前世人物角色，最後在靈界達成和解。有時，如果前世的進入點處於一場戲劇性的死亡過程中，收集的信息將會非常有限。在這種情況下，基本規則是要隨著能量走。如果案主迅速地經歷前世死亡，可以引導他們回到前世第一個重要事件，收集餘下的前世故事。

克服轉移

轉移（Diversions）會阻止一個前世的完整浮現，需要加以干預。以下用一位名叫瑪麗的案例來說明其中一些轉移的類型。瑪麗的生活很忙，全職工作的同時還要照顧年幼的孩子。這次的治療是關於她面對丈夫時的困難：

> 在通過一句關鍵語橋接「我很孤單，也很痛苦」之後，瑪麗回到了一個小女孩的前世，身穿白色和奶油色的連衣裙。她為了兩歲的弟弟和仍是嬰兒的妹妹，滿腳泥濘地在一邊努力地撿樹枝，一邊尋找漿果和其他食物。瑪麗輕聲地說：「這個工作很辛苦，我可憐的手疼得厲害」。小女孩沒有父

母，不得不承擔起照顧弟弟妹妹的所有工作。當她繼續時說：「我被很多的顏色包圍，全是藍色和金色，太平靜了。」

這樣的前後矛盾說明瑪麗跳過了一次創傷，正在回憶一段死後的記憶，這在發現她前世人物心臟停止跳動時得到了證實。在沒有任何提示的情況下，瑪麗接著自動進入了另一個前世，那是一個十幾歲的男孩，他的父親「出海」打仗後就再也沒有回來。

瑪麗被要求回到第一個小女孩的前世，回到當她的手拿起樹枝感到疼痛時的那一刻。在我沒有進一步提示的情況下，她用快進的方式講述了一個故事：她覺得有一個男人在她身後，然後聽到山上有人嘲笑她，她感到自己可能受了傷，接著就在一棵樹下看到了她的屍體。小女孩被要求回到剛剛意識到那個男人向她走來的那一刻，然後慢慢地去經歷這件事。她先是聽到身後有響聲，然後開始跑。當被問及她的感受時，瑪麗的聲音開始顫抖，回憶起了當時那種恐懼。最後，山上的那個男人把小女孩抱到一棵樹上殺死了。當情緒穩定下來之後，她前世和死亡的其他細節就開始浮現出來了。

瑪麗的前世經歷說明了一些轉移可能會阻止前世故事浮出水面。漢斯．天丹博士在他《深度治療》（Deep Healing）①一書中指出了很多轉移的例子，並強調了發現和應對這些問題的重要性。

當瑪麗形容場景時，突然充滿了「色彩與和平」，她應該是繞過了死亡，直接從前世「跳躍」（Jump）進入靈界。通過詢問她的前世人物是否還有心跳，證實了這個小女孩在死後直接跳到了靈界。有時，當跳躍發生時，案主也可能會回到另一個前世，那就最好在轉移發生之前回到第一個前世。這樣能讓第一個前世得以完整，並在遇到下一個情結之前解決當前所有的情結。

當我數到三時，我要你前往……（「跳躍」發生之前的那個時刻）**……1……2……3……現在正在發生什麼事？**

如果故事突然進展得太快，或者似乎跳過了一個重要事件，這種類型的轉移叫做「快進」（Rush）。當快進發生在正常的回溯中時，表明了案主正在倉促地結束一個威脅性的情境，比如瑪麗在小女孩的前世中匆匆地敘述了自己的死亡。當然，這對於避免案主因出現情緒而感到不適還是很有用的。但在回溯治療中，這些情緒可能是與個案問題相關的情結，因此可以將案主引導回到這個事件，並將這些記憶完全帶回意識之中。

如果場景突然變得一片空白，這可能表示案主「回避」（Avoidance）了某個創傷性的時刻。或者，當一件戲劇性事件的信息不合情理時會出現不連貫的現象。例如，前世沉船事故中的一名水手在溺水時，突然變成了一個平靜的場景。在這些時候，治療師就需要暫停故事，將案主重新引導回去，再更仔細地探索這個前世：

慢慢地經歷這些事件，第一件發生在你身上的事情是什麼？

最後一種類型的轉移是從創傷記憶中「解離」（Dissociation）。當案主以一個觀察者的俯視角度講述前世的個性或事件時就會發生這種情況。如果這個前世故事可以繼續進行下去，治療師就需要記錄這個解離點，並在後面解決；如果這個前世故事開始變得模糊或空白，也可以使用身體記憶來繼續這個故事，這在後面會有詳細介紹。建議治療師要永遠把故事保持在現在時態，如果案主報告說「我低頭看著一個被刺傷的男人」，治療師可以在回應和提問的時候糾正案主：「你就要被刺傷了，接下來發生了什麼？」。另一種方法是複述案主故事的最後一句話，然後說「深吸一口氣，然後告訴我接下來發生了什麼」，有意識地深呼吸通常可以幫助恢復身體意識。

宣洩

宣洩（Catharsis）是一種強烈情緒的釋放。西方的心理治療師和前世治療師在處理這一問題上有不同的觀點，附錄一對此進行了討論。如果案主在前世回溯過程中出現了自發性的宣洩，我會盡量減少其強度。脫敏法（Desensitization）這個方法可以被用來簡略地揭示創傷，再允許意識頭腦慢慢消化。許多創傷往往發生在死亡點，這些時候，治療師可以引導案主快速通過死亡點再進入靈界，降低案主的情緒強度並減少不適。這些方法對於靈性回溯而言尤其重要，因為情緒釋放會干擾回憶靈魂記憶時所需要的深層出神狀態。

當回溯治療中出現情緒和身體症狀時，通常表明這可能是一個情結。我並不贊成要讓案主產生不必要的不適，但我發現與情結相關的壓抑和阻塞的情緒需要在釋放和轉化之後，才能讓案主完全康復。打個比方，就好像有一根刺深埋在肉裡，除非把它拔掉，否則它會繼續潰爛和引起不適。由於宣洩是一種高能量的狀態，有可能會壓倒和打亂案主的邏輯思維，因此在案主經歷宣洩的時候，治療師最好要用比平時更大的聲音與他們繼續交談，給出有益的建議：

把一切都釋放出來吧……讓眼淚繼續流。

宣洩釋放會經歷三個階段：

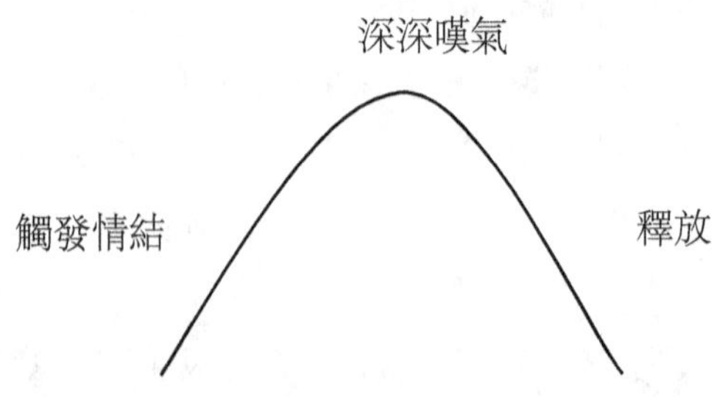

案主通常會在深嘆一口氣後回到正常的喚醒水平（Arousal Level），然後治療師就可以繼續提問有關前世的問題。在大多數情況下，被深埋在情結中的情緒需要得到完全的釋放後才能在發生轉化，這可以在一次治療中快速完成，也可以通過多次治療逐步完成。

我更傾向於在面談過程中與案主討論如何處理宣洩，並就此達成一致。建議治療師可以這樣和案主說：「治療過程中有時可能會很激烈，情緒也會被釋放出來，我可以儘量減少這種情況的發生，但會需要幾個療程才能清除阻塞的情緒。或者我們也可以允許情緒完全浮現，並快速清除。情緒是一種奇怪的東西，有些人願意花一大筆錢去體驗它們，比如玩過山車、蹦極跳、或者坐在電影院的悲情電影中大哭一場。」一些案主多年來一直生活在情結強烈的負面情緒之中，通常會很高興讓它們盡快離開。

總結

除非前世剛好進入了一場自發的宣洩，否則治療師首先要做的就是利用大量的服裝細節以及周圍發生的事情來充分具身化前世人物。儘管可以經常使用「接下來發生了什麼？」這個問題，但實際提問的問題將取決於案主所提供的信息。可以忽略或跳過一些世俗的細節，重點是那些重要事件。在受到引導時，案主的潛意識會將他們帶回到這些事件。通常情況下，最好讓前世故事向著死亡點的方向發展，這樣可以讓案主更容易理解前世。治療師需要仔細聆聽故事，並識別和應對任何類型的轉移，如果發生了轉移，通常可以回到轉移發生之前的時刻，然後再慢慢地經歷這個事件。

情結的源頭通常是一個關鍵點，一種情結類型被稱為關閉，這是當前世人物放棄掙扎的時候，例如被墜落的岩石困住等；另一種情結類型是轉折點，如前世為奴的瑪姬的案例所示，奴隸主在小時候被父親毆打，長大後就變成了壓迫他人。可以先精確地找出這些關鍵點，再慢慢審視和理解。治療師還需要記錄關閉點、轉折點以及其他相關前世人物角色的信息，以便在後面進行轉化。

當自發性的宣洩發生時，治療師需要作為一個容器來幫助案主完全釋放情緒。通過快速回顧宣洩部分的前世故事，特別是死亡點，可以降低情緒釋放的程度。在回溯治療中，治療師通常會允許完全釋放自發性的宣洩。當宣洩發生的時候，提問是不可能的，治療師最好要用高於正常音量的聲音給予案主有用的建議。

5

前世的死亡

「現在，當死亡的中陰身降臨到我身上時，
我將放棄所有的執著、渴望和牽掛。
當我離開這具血肉之軀時，
我會知道這只是一個短暫的幻覺。」
—蓮花生（Padmasambhava），《西藏度亡經》
（Tibetan Book of the Dead）。

中陰（Bardo）一詞在佛教中是指生命和輪迴期間意識的變化。「臨終和死亡中陰」（Bardo of Dying and Death）是最重要的一個中陰。對人們來說，臨終是與自己一生和解並接受內心深處真相的好機會。索甲仁波切（Sogyal Rinpoche）在他的《西藏生死書》[①]中強調了在死前清理未竟事務的重要性，以及不要對他人懷有愧疚、憤怒或不好的感覺。在前世回溯中，死亡是必須經歷的一個時間點，通過回憶起死亡，案主會知道前世的生命已經結束。死亡點通常會有許多未解決的想法、情緒和身體記憶，治療師需要把它們記錄下來，以便後續的治療。

許多人描述的前世死亡經歷與那些擁有瀕死經驗的倖存者們有相似之處。當他們離開自己的身體時，不會帶走任何身體上的不適。通常他們還會描述自己向著光移動，並在離開之前低頭看自己的身體。根據我的經驗，大約 85%的前世都有未竟事務需要在靈界中解決，在少數情況下，只有約 5%的案主會描述自己在死後不帶任何創傷地進入光中。在剩下的其他案例中，案主會報告說自己的意識停留在身體裡，不願繼續前進。這部分意識在薩滿的傳統中被稱為「失落的靈魂碎片」，在古代智慧中它被稱為「地縛靈」(Earthbound Spirit)②。

和平的死亡

如果得到有意識的關注，一個愉快的前世可以成為一種積極的資源。以下是一位名叫金的案例，她回溯到了一個阿拉伯小男孩的前世，小男孩正和他的朋友們在沙丘上玩耍：

> 其中一個男孩向他眼睛裡扔了沙子，他捂著臉倒在地上。孩子們被自己做的事情嚇壞了，沒有把發生的事情通知大人就全跑掉了。他看不見東西，整整一天都躺在烈日下，眼睛裡滿是沙子。等到被人發現時，他已經瞎了。因為視力的缺失，他發展了其他的能力，成為了一個具有通靈力的「預言家」。由於無法工作，他一生都過著簡樸的生活，為村民們提供建議，給孩子們講故事。這個阿拉伯人被要求前往他臨終前的一刻，當時他已經 80 歲了，躺在病床上奄奄一息，身邊圍繞著一些朋友。在他咽下最後一口氣時，只感覺到平靜，並不畏懼死亡。接著他描述自己離開了身體，低頭俯視下面的場景。他看到整個村子的人都聚集在他死去的房子裡，裡面放滿了鮮花，他還能感受到他們對他的愛。他望著光，內心充滿深深的平靜向它漂去。

金被允許留在這段體驗中去吸收和消化這深刻的經歷。她今生一直掙扎著去努力發展自己的通靈能力，這段前世給她帶來了新的熱情，激勵她繼續自己的工作。經歷這樣一段積極的前世，哪怕只是其中的一個重要事件，對於一個人的意識都會產生深遠的影響。

死亡時未解決的創傷

大多數前世都會有未竟事務，它是今世生活中重複性模式的來源。以下用一位名叫約翰的案例來說明這一點。約翰在一群人面前說話時會出現慢性喉嚨收縮的情況，這讓他很難開口講話：

> 約翰關於這個問題最早的記憶是發生在學校裡被要求閱讀聖經時。他會無緣無故地感到恐懼，甚至記得讀書時渾身顫抖的樣子。約翰重複著那段記憶中的一句話回溯到了一位老婦人的前世。老婦人衣衫襤褸，對面站著一個身穿長袍、腰間系帶的宗教迫害者。她站在一個高高的平台上，底下圍著一群憤怒的人在大喊大叫。她的喉嚨上套著一根繩子，接著，她就報告說低頭看到自己掛在柱子上的身體。
>
> 這位老婦人被要求回到她咽氣之前的那一刻，然後再次經歷被吊死的過程。約翰感到呼吸困難，身體開始顫抖。然後老婦人被快速帶到心臟停止跳動的那一刻，她臨終前的想法是：「我逃不掉了」。最後時刻發生的事件影響最大，她充滿了恐怖、憤怒和遭人非議的羞愧，還有令人窒息的身體感覺。
>
> 在回顧前世時，老婦人發現自己似乎是獨自一人住在鄉下，當時有一些士兵用馬車把她帶走，將她丟在一個黑暗的地窖裡。他們想讓她簽一份認罪書，因為害怕自己會遭受酷刑，她同意了。隨後，她就被帶到一個高台上，面前站著一群穿著長袍的宗教人士，台底下也圍著一群人。台上有一個

人在審問她，手裡高舉著她簽過字的供詞，告訴人群說她是一個女巫。

在她死後，她被要求去會見判她罪的那個宗教人士的靈魂。一開始，她對自己所受到的不公正待遇向他表達了憎恨。然而通過對話，她意識到他只是在做他所認為的應盡的職責，而且對她深感抱歉。這個發現幫助她達成了對他的寬恕。接著，老婦人會見了當時在人群中的朋友們，當時他們沒有做任何事去幫助她。她與其中一個年輕人對話，這個年輕人曾經接受過她的草藥醫治。在對話過程中，她發現是人群讓這個年輕人怯步了，他當時非常地害怕，認為如果自己試圖出面幫忙的話，他的妻子和孩子就都會被帶走。現在她什麼都明白了。

接著，老婦人被要求回到咽下最後一口氣之前的那一刻，慢慢地回顧這些事件，並以任何需要的方式來改變它們。當約翰開始喘不過氣來的時候，老婦人被允許利用一個道具把吊繩拉開。隨著身體記憶的改變，約翰報告說他的喉嚨感覺變輕了。我接著問老婦人還想做什麼，她說想再站在人群面前，但這一次想要體驗到一種自豪和抗爭的感覺。

離開前世，約翰被帶回到童年在學校讀聖經時的記憶。帶著他在前世擺脫窒息感的全新體驗，他發現他現在可以正常地回憶起童年的事件，而不用感到發抖或恐懼。最後我用一句肯定語來建議他：「當我和一個團體在一起時，我會感到自豪和大膽」。自此，約翰再也沒有了和團體交談的困擾。

經歷過前世之後，約翰被允許以任何他想要的方式去改變情境。對於約翰來說，這種改變是一種隱喻還是一種新的生活體驗並不重要。當前世中的繩子纏在脖子上的那一刻，約翰再次回到了當時的創傷。但通過從脖子上扯下毛巾道具的這個身體動作，他能夠到達比語言更深的層次去改變身體創傷。這個創傷和他今生在學校讀書時的創傷之間有一種共鳴，並得以在同一時刻被一起清除。

約翰的前世也說明了，如果死亡點發生解離可能會遺失一些重要的信息。我帶約翰回到解離之前的一刻再引入了身體意識，於是他浮現出了窒息的感覺、「我逃不掉了」的想法，以及恐懼、憤怒和羞愧的情緒。死亡時最後的想法和情緒對來世有著極為強大和決定性的影響，它們會被不成比例地放大並侵入到來世的感知中。在約翰的例子中，他前世死亡時的想法和情緒被帶入了今生，並引起他童年在學校面對一群人朗讀時的反應。在前世的死亡點找出這些想法和情緒對後續的化解是很重要的：

當我數到三時，回到你的心臟最後一次跳動的那一刻……
1 …… 2 …… 3……現在正在發生什麼事？

你死的時候有什麼想法和感受？

一個被虐打一輩子的奴隸可能會想：「這是沒有希望的」，並把這種想法以抑鬱的形式帶入今生；一個在泥漿中作戰的一戰士兵在死時可能會想：「我想把這些污垢都洗乾淨」，然後在今生成為一個強迫性洗手的人。治療師需要對前世人物死前或死後的想法和情緒都進行探索。

地縛狀態

精微體在經歷了創傷性的前世死亡之後，有時可能會保持一種地縛狀態（Earthbound States），留在地球上並停留在身體裡。在一次工作坊中，有一名叫邁克的學生回溯到了中世紀一名蘇格蘭叛軍的前世，他被處以車裂，悲慘地被分屍而死：

> 身為一名被俘的囚犯，他雙腳被分別綁在兩匹馬上，背朝著地，被一路拖著穿過鋪滿鵝卵石的街道，最後被吊頸和剖腹而死。在這段死亡經歷之後，這名蘇格蘭叛軍的靈魂無法繼續前進，它想和自己可憐受傷的身體待在一起。我邀請他檢查自己的心臟是否已經停止了跳動，並提醒他已經死了，但他的靈魂仍然不願離開身體。於是他被帶到死後很多年的一個時間點，那時他的身體只剩下了骨頭。最後，蘇格蘭叛軍的靈魂終於意識到已經沒有什麼值得留戀了，於是準備好離開。

如果靈魂無法離開身體，它就無法繼續進入靈界，這會導致靈魂的某些能量，即它的精微體，停留在地球上被困住。有時這可能是由於意外死亡而造成的，例如從背後被殺死或被炸死等，由於死亡發生得太快，以至於靈魂意識不到它的身體已經死了：

你和你的身體待在一起，還是離開了它？

通常，記憶會在最後時刻開始變得混亂，一個小小的提示可以幫助靈魂連接當時離開身體時的記憶：

你的身體已經死了。檢查一下你的心跳是否已經停止跳動。你現在能離開你的身體了嗎？

死亡時刻的想法常常會像錄音帶一樣循環播放。比如一個士兵可能仍然想要繼續站崗；一位父親可能想留下來試圖幫助他的孩子；一個死於爆炸的孩子可能會四處尋找母親。在一些文化中，人死後的身體變化很重要，所以一個靈魂可能會在死亡的地方徘徊，等待被下葬或火化。用一名叫貝蒂的案例來說明這一點，她回溯到一個被鞋匠丈夫殺死的女人的前世：

> 這位妻子對當初拋棄婚姻充滿了愧疚，以至於她形容自己死後離開身體時充滿了黑暗能量。即使在看到丈夫因謀殺自己而被絞死，在他的靈魂進入光中之後，她仍然無法離開回到靈界。當被問及她需要什麼才可以繼續前行時，她請求光的能量來療癒和清除自己的負面能量。

這時，只需要簡單地指引鞋匠妻子的靈魂去一個可以體驗療癒的地方，她就可以回到靈界了：

你需要什麼來離開你的身體，並進入靈界呢？

即使在爆炸之後，身體不復存在之時，靈性意識也會創造出它們繼續生活的幻覺。它們會迷失在一個維度中，在這個維度中，不存在我們理解意義上的空間和時間，它們被永久地困住，成為一種地縛狀態。如果一個在前世受到宗教判決的受害者在生命的最後時刻被「詛咒下地獄」，那麼他的靈魂可能會因為太害怕而不願離開屍體，在這種時候，轉化就是必須的，而它所需要的可能只是在離開身體的過程中得到保護而已。一個遭受炸彈襲擊的受害者，他希望的可能只是把所有的靈魂碎片都收集回到一起。

總結

前世死亡時的想法、情緒或身體緊張可能會對今生產生重大影響，治療師需要把它們記錄下來，以便後續在靈界中解決。正如約翰的案例所示，恐懼的情緒和「我無法從人群中逃脫」的想法，從前世老婦人的死亡點進入了約翰的今生，並演變成長期在眾人面前講話的恐懼。治療師可以將案主快速帶過創傷性的死亡，在減輕不適感之後再回顧前世。

在回溯一些暴力死亡時可能會出現一些障礙，因此治療師可能有必要重複這個死亡事件來尋找新信息，直到完全理解為止。治療師還需要檢查靈性意識是否在死亡後離開了身體，通常只需要提醒它的前世已經結束，身體已經死亡就足夠了。有時候，靈性意識會像蘇格蘭叛軍那樣變成地縛狀態停留在地球上，治療師只需要詢問進入靈界所需要的條件，就可以開始進行轉化。

還有很多前世並沒有發生什麼創傷，但其中積極的情緒對案主也可能有所幫助。

6

在靈界中轉化

「在你還活著的時候就死去，並且死得徹徹底底。
然後去做任何你想做的事，一切都會沒問題的。」
——至道無難，17 世紀日本禪僧。

要允許前世和死亡的經歷能夠如實地展開，因為瞭解真相會帶給案主巨大的療癒價值。如果案主在前世中經歷被毆打致死，一位回溯治療師是不會去阻止他被毆打的經歷的。在靈界中，案主會被允許在一定程度上經歷從前世帶來的困惑、憤怒、恐懼或其他未解決的問題。佛教徒稱靈界為「投生中陰」（Bardo of Becoming），靈魂會在這裡回顧前世，並準備好投胎轉世去解決那些未解決的問題。如果沒有肉體，時間也就變得不重要了，所以變化會很快發生。靈界同時也是解決前世未竟事務的地方。

面對前世中的人物

更多地瞭解前世重要事件中其他人物的動機，可以幫助轉化前世的未竟事務，這是通過引導案主與他們進行對話來實現的。治療師負責管理對話的過程，案主負責對話的內容。

這裡通過一位名叫莎拉的案例來說明。莎拉總有一種長期的恐懼，擔心如果離開家門走進人群就會有什麼事情發生在她身上。即便像是去超市購物這樣簡單的事情，她也需要朋友的陪伴，還會飽受高度焦慮和恐慌的折磨。她注意到這個問題是發生在參觀一座中世紀教堂時，從那之後她與人群隔離的情況就變得越發嚴重了。現今 37 歲的她幾乎成了自己家中的囚犯：

莎拉回溯到一位中世紀醫生的前世，他因為無法醫治死於瘟疫的人們被市長趕出了城鎮。當他慢慢走出城門的時候，一群曾經敬重他醫生身份的市民都避開了他。這種拒絕讓他喪失了方向感，失去了工作和家，最後像個流浪漢一樣在歐洲到處遊蕩。他英年早逝，死前仍心懷羞恥，心想：「我無法面對他們，我讓他們都失望了。」

在靈界，中世紀的醫生見到了市長的靈魂，向他表達了自己被不公平解僱的恥辱。醫生說：「市長低下了頭，他當時是因為害怕失去自己的工作，但他現在已經對自己的所作所為感到後悔，他看上去就像個可憐的小人物，我真替他感到難過。他現在可以走了。」接下來，他被要求會見迴避他的城鎮市民的靈魂們。一開始這位醫生並不願見他們，直到他要求祖父的靈魂前來從旁支持：「他們有好多人，他們告訴我說，我是唯一一個嘗試做過一些事情來幫助他們的人，他們沒有因為他們的死而責備我，而是很感謝我。」在這個動情的時刻，莎拉的眼中流下了淚水。這位中世紀的醫生現在終於可以原諒自己了。

對於莎拉來說，這次治療幫助她擺脫了對人群的恐懼。在接下來的幾個月中，隨著越來越少來自他人的支持，她最終實現了自己的目標，能夠獨自一人進入繁忙的超市。她說：「一開始面對人群並不容易，但是這次治療已經改變了我的生活。」

我已經通過這種方式與數百位案主合作，甚至包括那些不相信前世的案主，這個過程總是奏效。隨著前世經歷對超常意識狀態的加深，案主的心靈會完全開放，並進入直覺的交流。為了理解這一點，最好將所有的事物都視為能量。一個前世人物的靈魂能量，會隨著未竟事務附著在案主的靈魂上，比如在中世紀醫生的案例中，他的未竟事務就涉及了市長和市民的依附能量。當這種能量和案主的靈魂保持依附狀態時，他們之間就存在一種直覺連接。

因此，在前世死亡之後，一個孩子可以和失去的母親團聚，一個遭受虐待的奴隸可以與奴隸主對峙，或者一個被遺棄的囚犯可以與家人見面：

前往……（另一個前世人物）**所在的靈界，和他們見面。**

治療師一旦提出與前世人物見面的意圖，案主的直覺就會建立連接。然後治療師可以鼓勵他們說出任何想說的話或問題：

在那一世，你有什麼曾經想對他們說卻沒有說的話？

他們對你說什麼？

通過對話，案主會對對方的動機產生新的認識和理解。在靈界工作除了需要一點即興和創意，治療師也需要相信自己的直覺來確定使用哪種轉化的方法。如果案主陷入了困境，與其嘗試按照邏輯來解決問題，也可以讓他們的高我來指導他們。治療師實踐得越多，他們就越容易運用自己的直覺工作。

來自前世情結中情緒和思想的凍結能量會從前世的死亡延續到今生，而這些靈界中的相遇可以轉化這些凍結的能量。

轉化凍結的悲傷和喪慟

悲傷和喪慟通常來自被遺棄或者失去深愛之人，相關的表現有哭泣受阻、呼吸沉重以及抑鬱等。在靈界中的治療策略是重新連接前世的所愛之人，他們可能是丈夫、妻子、兒子、女兒、母親或父親等。案主通常需要一些時間來吸收團聚的能量，在相遇之後就會收到新的信息：

> 前世中一名婦女即將被處決，但卻沒有人照顧她的嬰兒。雖然她已經接受了自己的命運，但死的時候仍然因為和孩子的離別而深感悲傷。在靈界中，她與孩子團聚，並在道具抱枕的幫助下擁抱了孩子。當她緊緊抱著曾經失去的孩子時，壓抑的情緒變成了喜悅的淚水。接著，她就能夠詢問孩子在她死後的生活是如何發展的了。

雙臂的擁抱比言語所能表達的要深得多，抱枕通常可以拿來作一個方便的道具。

轉化凍結的內疚

當我們傷害了一個人或一群人又後悔不已時，就會產生內疚。「這都是我的錯」或「我做了很糟糕的事」這樣的想法經常會在腦海中反覆出現。在靈界中的治療策略是通過與相關人物見面，打破這些想法的循環，並讓案主找到新的信息：

> 前世中一名指揮官帶領的部隊全員陣亡。臨死的時候，他對身邊的屍體充滿了內疚。在靈界中，他被要求與全隊成員見面，去瞭解他們對自己死亡的看法。令指揮官驚訝的是，

> 士兵們並沒有責備他，他們接受死亡是作為軍人的一部分，還感謝指揮官的領導，以及對他們所採取的積極行動。

如果有必要，也可以帶案主回到一個充滿個人價值的前世去感受和思考。

轉化凍結的憤怒和狂怒

當其他人傷害我們或者當我們受到不公平的對待時，憤怒就會產生。過度壓抑的憤怒（Anger）會轉變成狂怒（Rage），並伴有上半身的僵硬，以及拳頭、手臂和下巴的緊繃。在靈界中，治療師可以先讓案主與造成這種情況的個人或人群對峙，允許表達其憤怒，再尋找和處理對方的動機：

> 在前世中，一位年輕的農場工人被不公平地指控偷竊食物，結果被一個農夫毆打致死。在靈界中，他勇敢地對峙農夫，並被鼓勵用拳頭擊打代表農夫的抱枕來表達自己的狂怒。

通過喊叫或打來表達憤怒，往往會比僅僅用言語表達要來的更為深刻。

轉化凍結的羞愧

凍結的羞愧，是指一個人因為自己做的某件事而被一群人排斥或流放時所感受到的深深的羞恥。在早期文化中，被社區排斥的影響非常深遠，因為一個人的身份與所處的群體是緊密相連的，例如宗教秩序、土著文化、村莊或大家庭等。通常與羞愧相關的想法有：「我無法面對他們」、「我想躲起來」或者「我感覺糟透了」等：

前世中一位修女被來訪的一名牧師強姦，她一開始試圖掩蓋這件事，但當懷孕的跡象被發現時，她被人逐出了修道院。不久之後她就死了，臨死前充滿了羞愧，心想「我無法面對她們」。在靈界中，她不願獨自會見其他的修女，最後在指導靈的支持下才願意面對她們。她被鼓勵用心靈感應的方式，讓其他修女感受到她被驅逐的感覺，接著她報告說她們跪著向她請求原諒。

在沒有他人支持的情況下，案主可能會不願意面對一個群體。這種支持可以來自前世的家庭成員、朋友、指導靈或其他超個人人物。他們是誰不重要，重要的是他們所提供的額外能量，因為羞愧本身帶有一種無助的感覺：

你需要誰來支持你去一起見他們？

轉化凍結的孤獨

孤獨，是由於與他人長時間分離或缺乏愛時產生的。在靈界中，治療師可以讓案主與失去的父母、愛人、家庭成員、朋友或其他人重聚：

一個前世的小男孩光著腳，衣衫襤褸，又冷又濕地坐在商店門口乞討，天氣越來越冷，他感到一陣陣寒意正在慢慢地滲透進他的手臂和腿裡，直到它們都變得僵硬了。他死的時候蜷縮在門口，臨死前的想法是沒有人在乎他。在靈界中，他沒有關於母親或家庭的記憶，因為他出生的時候就是個孤兒。於是小男孩被邀請前往另一個前世，去尋找一個充滿愛的家庭或社區。他回溯到一名修女的前世，生活在一個溫暖平和的花園裡。修女在這個花園孤獨的一生中找到了自己內心的安寧。讓案主把這些知識帶回到第一個前世，他意識到，原來獨處可以帶來內心的平靜。

在上面示例中，個案並沒有可團聚的前世人物，所以治療師讓案主從另一個前世的重要事件中去獲得一些新體驗。

轉化凍結的恐懼

凍結的恐懼是最強烈的情緒之一，它源於受生理驅動的求生慾，來自於各種威脅生命的情境，例如強姦、酷刑、戰鬥和懲罰等。身體記憶的表現包括呼吸靜止或很淺、身體僵硬、解離傾向以及無力感等。在案主與前世人物對峙之前，他們可能會需要來自其他人的支持：

前世中一個年輕的猶太女孩在去毒氣室受死之前被剃了頭髮，當她反抗時遭到守衛的拳打腳踢。她在那一刻放棄了反抗，不久之後就被毒死了。在靈界，她很害怕再見到曾經毆打她的守衛，直到一同死去的母親的靈魂前來支持，她才有足夠的力量去見守衛。

克服恐懼時所需要的額外能量可以是來自整個村莊或社區，甚至是治療師握住案主的手。

指導靈的幫助

案主的指導靈曾經參與案主前世的計劃，所以它可以在回顧前世時提供指導和建議。這裡用一位名叫安妮的案例來說明。安妮是一位三十多歲的女士，她與強勢的母親之間有一種依賴的關係。她一生都為母親的事業工作，缺乏自信心，也無法建立深厚的人際關係，總以為別人會談論和討厭她：

她回溯到一位母親的前世，她的孩子們被北美朝聖者的清教徒們帶走了。清教徒們說她是一個壞媽媽，因為她沒有丈夫。她在森林裡的小木屋也被人放了火。事後，她獨自一人坐著思考。作為一個非教徒，沒有一個教友會聽從她留下孩子的請求，於是她決定嘗試去和清教徒社區的長老們理論，甚至打算在必要的時候懇求他們把孩子們還給她。當她到達他們的定居地時，教徒們對她根本不予理會，有些人甚至嘲笑她。長老們掌握著社區裡的一切權力，他們告訴她，只有她遵守戒律才能把孩子們要回來。在一年的測試期內，她必須按要求穿著，做一個謙卑的女教徒，服從於男人，然後孩子們才會被送回來。

她順從了，卻也感到害怕。社區中沒有人願意和她有任何關係，一些孩子們大聲地辱罵她，還有一些孩子們向她扔石頭，但是她下決心接受一切能讓孩子回來的事情。然而一年之後，長老們告訴她孩子們對照顧他們的家人很滿意，不想再回來了。她傷心透頂，感到極度悲傷和失落，但卻又無能為力。她在定居地慢慢老去，變得瘋狂起來，後來不得不被人綁住手腕，拴在一個鋪著稻草的房間裡。她變得又瘦又骯髒，頭髮邋遢，臨終前帶著悲傷和對孩子們的渴望死去。

在靈界，清教徒母親不願意見到孩子們，因為覺得孩子們會以她為恥，也不願意見到朝聖者的長老們，因為她不相信他們。於是她的指導靈被請來對話。在對話中她發現孩子們已經長大了，並在定居地有了自己的家庭。當時他們還太小，對母親和當時的事件都沒有深刻的記憶。這時，這位母親才願意與孩子們的靈魂見面，並告訴他們她是多麼地愛他們。在道具抱枕的幫助下，她重新擁抱了孩子們，並在這動情的相遇之中釋放了對孩子們的悲傷和渴望。接下來，在指導靈的支持下，她與朝聖者的長老們對峙。在對話中，她報告說他們都低下了頭，其中一位正向她懇求原諒。現在她可以讓他們走了。

將指導靈帶入對話中可以幫助克服治療中的障礙，讓朝聖者母親的靈魂最終能與她的孩子們團聚。安妮將這次治療整合到她今生的生活以及和她強勢母親之間的關係中。她第一次能夠勇敢地面對母親，並搬到倫敦開始了新的職業生涯。

當治療師在靈界工作時，可能會不確定自己下一步該怎麼做，或者案主可能會在寬恕的道路上停滯不前。如果一個人和另一個人的靈魂衝突了許多世而沒有和解，可能會很難達成寬恕。引入指導靈①可以為他提供一個更廣闊的視野和更深刻的靈性洞見：

請你的指導靈來到你的面前……他有什麼建議給你?

在超常意識狀態下，案主會發現他們能夠直覺地與指導靈交流，有時，整個生世鏈和業力模式都會變得清晰可見。在許多情況下，一個受害者可能曾是一個施害者，一個虐打妻子的丈夫可能曾是一個受虐待的妻子。指導靈會向案主展示更高的靈性層面，讓他們體驗到平和與安寧，這對他們的靈魂非常具有療癒的作用。

達成寬恕

寬恕他人或寬恕自己的行為具有非常強大的力量。真正的寬恕是毫無保留地原諒，沒有殘留任何的內疚或責備。下面這個精彩的

真實故事很好地總結了寬恕的力量:

> 約翰是第二次世界大戰期間日本人的一名囚犯，他曾被獄友要求隱藏一幅地圖，但不幸的是地圖被人發現了。一名日本軍官為了想知道他的逃跑計劃，整整折磨了他三天。約翰無法回答這些問題，最終被扔在地板上等死。後來他在獄友們的幫助下他漸漸康復起來，更令人驚訝的是，他竟然在戰爭中倖存下來並最終獲釋。
>
> 回到英國之後，他對日本人的所作所為充滿了仇恨。他發現自己無法再找到工作，與妻子的關係也受到了影響，最終妻子離開了他。他轉而開始酗酒，每日窮困潦倒地游蕩在街上。有一天，他偶然遇到了從集中營出來的獄友，從他口中得知有一場獄友們的聚會，朋友幫助他參加了聚會，但他事先並不知道一些日本士兵也得到了邀請。聚會時，約翰發現他對面坐著的正是那個曾經殘酷折磨他的日本軍官。軍官立刻認出了他，起身走到他的身邊。軍官向他解釋說，當初如果不是他也會有其他人去審問，但他就會因為不服從命令而被槍決。自從那件事發生後，他每天都活在內疚的痛苦之中，他懇求得到約翰的原諒。約翰不由自主地擁抱了日本軍官，並原諒了他。從此之後，約翰發現他的生活改變了，他找到了一份工作，開展了一段新的關係，也放下了對日本人的仇恨。

通常案主需要在靈界會見他人，在理解他人的動機、意圖和行為之後，才能達成前世中的寬恕。我們需要小心來得太快的寬恕，因為這可能不是真正的寬恕。公眾羞辱會剝奪一個人的力量，但如果能夠面對人群說出當時無法說出的話語，是非常賦予人力量的。

即使案主已經說出原諒，與前世人物見面仍然是有用的，尤其是當這些前世人物與關閉點和轉折點有關的時候。

有時候，施害者可能不會對作為受害者的案主表現出懊悔，這常常會妨礙寬恕的過程，以下是兩句有用的建議：

用心靈感應的方式將你的痛苦傳送給……（施害者）**。現在正在發生什麼事？**

向……（施害者）**發送一小部分愛的能量。現在正在發生什麼事？**

也可以問施害者，如果有人對他們的所愛之人做類似的事情時，他們會有什麼感覺？

達成寬恕的基本原則是要從其他的前世人物，或者案主與他們共同生活過的其他前世，或者指導靈那裡獲得更多的信息。

在對話中自主達成寬恕可以讓案主得到一個充滿意義的完結，示例問題：

你還需要更多的信息嗎……還是可以讓他們走了？

自發的寬恕標誌著一件未竟事務的結束，表示寬恕的句子通常有「我現在明白了」或「我現在可以讓他們走了」等等。

未竟事務的能量掃描

正如能量掃描可以用在回溯之前檢查未竟事務一樣，它也可以用在治療結束時檢查任何殘留的未竟事務。以下案例中的案主名叫麥琪，長期受到酗酒丈夫的虐待，她一方面認為自己有責任幫助他，一方面也在為自己尋找離開的理由：

她回溯到前世一個臥病在床的年輕女子。一日，屋外傳來一陣喧鬧聲，她冒險走出去看，發現是一名騎著馬的紅髮男子。他手裡握著一把劍，對著她大喊大叫。因為擔心自己會沒命，她開始逃跑，但紅髮男子很快就追上了她，拽著她的頭髮把她拖到地上。接著，她感到馬蹄子踩在她身上，臉朝下死在泥土裡。

在回顧前世時，她的母親似乎在她出生時就去世了，在成長過程中，父親故意將她與當地村民隔離。後來父親生病了，她就一直照顧他。在父親去世之後，除了獨自住在房子裡之外，她無處可去，因為她不懂任何世俗的知識。在遇到紅髮男子之前，她一直靠父親留給她的錢維持生活。

在靈界，這個年輕女子被要求去見她父親的靈魂。她發現父親認為她很特別，因為她擁有靈視能力，這讓她有別於其他的村民。父親擔心如果村民們發現了她的能力，不僅不會理解而且還會傷害她。現在，年輕女子可以讓父親離開了。

接下來，她與那紅髮男子對峙，並找出殺害她的原因。在對話中她發現他當時是喝醉了，因為她的靈視能力而認為她是邪惡的。但現在，他已經對自己失控的所作所為感到後悔。看來這個新信息已經足夠了。

我掃描了麥琪的身體來尋找前世的未竟事務，發現她的頭部還留有對紅髮男子的憤怒和緊張，她還直覺地意識到紅髮男子就是她今生暴虐的丈夫。她被帶到年輕女子被殺害之前的那一刻，並被鼓勵表達憤怒，她大喊：「我痛恨你對我做的事！」這樣，她的能量就得到了轉移。接著我再次掃描麥琪的身體，證實所有的緊張情緒都已經被釋放。此時，年輕女子只是為紅髮男子感到難過，並且已經準備好原諒他。

麥琪認出了前世與今生之間的許多模式，其中最深刻的是紅髮男子和暴虐丈夫之間的模式。她走出了曾經非常艱難的一步，結束了這段受虐的關係，並找回了自己的自由。

麥琪的前世解釋了如何使用能量掃描來快速識別前世中留下的凍結能量，這種掃描類似於能量掃描橋接。治療師用手在距離案主身體上方幾英寸的距離，從腳趾到頭部對能量場進行掃描。重點是要清楚地說明意圖，這裡的目的是為了掃描任何前世殘存的能量阻塞。如果案主報告說感到身體某個部位有情緒或覺得不適，這個情緒或者不適就可以被用作橋接來回溯到它們出現的前世，然後釋放其殘餘的凍結能量。

專注於……（身體的感覺或情緒）**，當我數到三時，回到它發生之前的時刻……1……2……3……現在正在發生什麼事？**

殘餘的凍結能量可能是一種從未被釋放過的宣洩，也可能是一段仍需轉化的身體記憶，又或者仍然會與前世情結產生共鳴的今生記憶。這一切都需要被探索和轉換，這些技術將在後面的章節中介紹。

總結

治療師要允許前世和死亡的經歷如實展開，因為瞭解真相會帶給案主巨大的療癒價值。也要鼓勵案主與重要事件中所有的人物見面，尤其是情結開始時那些關閉點或轉折點中的人物。可以讓案主對對方說出任何想說的話，對方的答案會直覺性地出現。這個過程會讓案主有意識地覺察到對方的動機，並得到新的洞見和理解。

尋求寬恕的基本原則是從其他的前世人物，或者案主與他們共同生活過的其他前世，或者指導靈那裡獲得更多的信息。在結束會面時，對他人和自己自發達成的寬恕非常強大，寬恕也標誌著一件未竟事務的完結。有時案主會簡單地說結束了，或者可以讓對方離開了等等，這時治療師可以使用能量掃描來確認是否還有任何遺漏。

7

兩世之間靈性回溯

「離開熟悉的地方一會兒，
讓你的感官和身體去伸展。
當你登上隱藏的潮汐回家時，
以千百種其他的形式迎接你自己。」
——穆罕默德·哈菲茲，14 世紀波斯詩人。

介紹

在前世回溯中，案主是在「永恆當下」（Eternal now）經歷靈界的。在這種超常意識狀態下，案主會發現自己可以很容易與其他前世人物的靈魂和指導靈進行直覺的交流。我已經在前文中通過一些案例說明了案主可以如何從這種互動討論中獲得洞見和轉變。邁克爾·紐頓（Michael Newton）在靈界採用了一種不同的方法，他允許案主回憶起他們自己的靈魂記憶，並在自己的著作《兩世之間－催眠治療之靈性回溯》（Life Between Lives; Hypnotherapy for Spiritual Regression）①一書中著重強調了這個技術。他這本著作以及他所創建的邁克爾·紐頓研究所（Michael Newton Institute）②的工作是本章節的基礎，我已經將這些方法調整並做了一些變化來簡化整個流程，並將它稱為靈性回溯（Spiritual Regression）或兩世之間回溯（Life Between Lives Regression）。在靈性回溯中，人們可以體驗到靈魂為來世做準備的過程以及多維度的靈性活動，並在一個深刻的層面回答兩個問題：「我是誰？」以及「我為什麼在這裡？」

一個人的靈魂能量會在死亡後回到靈界，進行反思並與其靈魂團體見面。靈魂團體是被分配到一起工作的靈魂，它們經常會共同轉世以完成一些有意義的任務。靈界中的其中一個亮點是會見長老，這些長老是已經達到了一定經驗和智慧水平的靈魂，無需再肉體轉世。他們會與見面的這個靈魂回顧它的進展，重播任何一個前世，並討論各個方面的問題，直到這個靈魂能夠理解來世的期望為止。通過長老的愛、慈悲和靈魂自身的參與，這個過程會為下一次的肉身轉世建立目標。這個目標是根據先前業力經驗的模式而設定的，而新人生的課程會由靈魂、指導靈和長老三方一起商定。有時案主還會報告說，在長老的身後或上方能感受到一個強烈的靈性存在。這個能量通常過於強大和精微以至於無法探索，但通常認為長老們的高振動能量可以連接這個神聖的能量來源。

準備工作

為靈性回溯做準備的一個重點是確保案主可以無障礙地體驗深度催眠。由於 70%的人對催眠具有中等程度的接受性，15%的人沒有反應，所以我會事先為案主提供一張自我催眠的 CD，讓他們習慣我的聲音和引導詞，並可以重複體驗催眠。人們經歷出神狀態的次數越多，就可以進入越深的狀態。與其在靈性回溯時因為進入不了深度催眠狀態而感到失望，不如事先著手解決這個問題。

對於那些沒有經歷過前世或催眠的案主，可以在靈性回溯之前單獨安排一節使用催眠的前世回溯。對於分析型案主來說這會特別有用，這樣可以讓他們習慣來自前世的直覺信息流。單獨一節的回溯治療還可以清除一些可能會干擾靈性回溯的情緒障礙。

案主自己的準備工作是要思考他們回溯治療的靈性目標。通常人們會想要瞭解他們今世生活的目標，業力和靈性進展，或者僅僅只是在靈界體驗一下靈魂之旅。另外，我總是會要求案主提供一份關於他們今生重要人物的名單，這個名單可以列出最多八位對他們有正面或負面影響的關鍵人物，以及他們之間的關係，並用三個形容詞來描述每個人。比如，母親，愛、控制和疏離。這些人的靈魂通常會在回溯過程中被認出，而這份名單可以幫助治療師瞭解他們是誰。

我還會向案主指出，他們的經歷可能會與曾經閱讀過的回溯案例有所不同。沒有任何兩次的治療會是相同的，因為每個靈魂都是獨特的，而且意識頭腦也會以不同的方式解釋其存儲的記憶。有些案例的相關細節會非常詳細，有些則不太詳盡；有些案例會有視覺體驗，有些則沒有。我建議案主對宇宙保持一個開放的心態，允許經驗以任何合適的形式出現在他們面前。一旦進入了潛意識的靈魂記憶，真相總是會被揭露。

我也會向案主解釋在催眠狀態下會發生的事。一開始，我會先幫他們放鬆，然後用意象化的方法將他們帶入更深層次的放鬆。治療師也可以與案主討論和詢問他們對引導詞的偏好，這會讓案主有一種掌控感，並幫助深化催眠。

一次靈性回溯的時間大約在三到四個小時左右。因此案主最好要躺在一張躺椅或者是沙發上來讓身體得到充分的支撐。在深度出神狀態下，案主是無法改變體位來減輕壓力的，因此舒適感十分重要。另外，在這種狀態下血液循環會減慢，治療師可以幫案主蓋一條毯子保暖。

案主需要在治療結束後，為自己留出一段輕鬆的時間來消化和吸收這段經歷。對於治療師而言，這類工作也很緊張，因為在靈性回溯的大部分時間裡，他們需要用直覺來連接案主以及各種前來幫助的高靈。為了避免精力耗竭，我建議治療師每天只應計劃進行一次靈性回溯。我個人會在治療結束後感到筋疲力盡，需要花時間散步，或在花園裡工作來幫自己接地。

治療師需要將回溯過程中的信息錄下來，因為許多案主在每次回聽錄音後都會得到一些新的洞見。治療過程非常私隱，因此建議避免任何朋友或配偶參加整個回溯過程，他們有可能會是治療中所發現的業力模式的一部分。治療師還需要檢查一些禁忌症，特別是藥物、娛樂性用藥或情緒波動等。靈性回溯的目的並不是為了釋放和清除情結。

深化催眠

案主需要達到一種深度的催眠狀態才能進入靈性回溯，我在附錄三中提供了一些靈性回溯催眠腳本的建議。要讓一個人達到可以自由訪問靈魂記憶中詳細信息的深層催眠狀態，可能需要長達45分鐘的引導和深化。深度測試並不是一門精確的科學，像「李恪朗和波多爾量表」（LeCron-Bordeaux Scale）和「亞倫斯量表」（Arons）這樣的評估量表固然有他們自己的優點，但並非在所有情況下都適用。在深度催眠中，一個人的血液循環會減慢，這一點可以通過臉部膚色的變淺來觀察；另外，案主的呼吸會變得很淺，身體動作會停止，對問題的回答或身體信號會越來越遲滯；你還可以觀察到他們的下唇會開始下垂，面部肌肉組織可能會變平，喉嚨通常會出現不由自主地吞嚥。

我傾向於使用手指移動的指示來檢查出神狀態的深度，以及通過觀察手指回應的延遲和手指出現的緩慢抖動來判斷。在深度出神狀態中，案主會按指令的字面意思進行理解，因此他的手指會繼續保持抬起，直到被確認為止：

「想像一個刻度……10 代表清醒……1 代表你能達到的最深度的放鬆……當我從 10 數到 1 時……抬起你的一隻手指來表示你催眠狀態的深度……10……9……8……7……」依此類推。

等待一隻手指抬起。「很好。」

根據反饋的不同，治療師可選擇使用下樓梯法和數字消失法等類似的方法來進一步深化催眠。有時案主的出神狀態很淺，這就可能需要將他們帶回清醒意識，瞭解一下他們的經歷，然後再使用其他方法進入出神狀態。如果案主對手指信號的請求沒有回應，有可能是因為他們的催眠狀態太深，以至於回應太過細微而沒有被治療師注意到。

邁克爾 · 紐頓的年齡回溯技巧是對深化催眠的一個貢獻，它是樓梯深化法的一個變化版。在年齡回溯中，案主會被要求想像沿著一座樓梯進入他們的童年，隨著指令，每往下走一步就會進入得更深。這個方法不但可以進一步加深出神狀態，也可以讓治療師在最後的時刻進行深度評估。判斷深度的依據包括案主聲音的特性、非刻意回憶的狀態、回答問題時的延遲、輕柔的聲音、以及從字面意思上回答問題等。案主應該像是回到了小時候的樣子來回答，而且應該無需刻意回憶過去的細節。當然，我們只應該探索一些中性或愉快的記憶，如果知道在任何年齡段有創傷或情緒問題，治療師應該避免在這個年齡段使用年齡回溯。

治療師也可以利用一個短語，將案主的體驗錨定在出神狀態的最深處，然後就可以利用這個短語在回溯治療中的任何時刻深化案主的狀態。這個錨定（Anchor）可以是一個特殊的地方、一個響指聲、或是治療師碰觸案主手臂或前額的觸覺。當案主開口說話時，他們通常會回到較淺的出神狀態，治療師就可以在個這時候使用錨定。此外，治療師也可以要求案主專注於前世回溯或靈性回溯中的畫面中，不說話專注於內心世界一段時間，也可以加深一個人的體驗：

> 「注意你所看到的或經歷的所有細節。當我再和你說話時，你可以把一切都告訴我。」

在前世中，有時甚至在靈界中，治療師都必須重複錨定和意像。但如果在一開始就花時間讓案主達到正確的出神狀態水平，他們就可以在交談中保持這種深度。

負面情緒可能會干擾案主進入靈性回溯，而深度催眠通常可以更容易減少產生一些自發的負面情緒。一位案主回憶起自己前世是西班牙宗教法庭時期的一名囚犯，他在描述自己在刑訊逼供中被一片一片拔掉指甲時，並沒有感到絲毫的不適：

> 「我想讓你想像一下有一個強大的金色光盾包圍著你，從頭到腳給你提供光和力量，過去任何痛苦的感覺都會被這個保護你的光盾反彈出去。」

在實際情況中，案主有時也會需要上廁所。但即使是處在最深的出神狀態中，他們也可以表達這個需求。與其將案主從出神狀態中完全喚醒，不如將他們帶到某個意識水平，讓他們能夠在稍加支持的情況下就能走到廁所：

> 「我會把你帶到一個較淺的催眠狀態，讓你方便去上廁所。我會從旁協助你走路，當你再次躺下時，你將能夠立即進入一個更深的催眠狀態，並繼續回到你離開時這一刻的靈魂回憶。我從三數到一，數到一的時候你就可以起身去廁所了……”

當案主返回時，會發現自己很快又陷入了深度出神狀態，回到離開之前的那一刻繼續回溯。

進入靈界

靈性回溯的進入點是前世的死亡，這裡用一位名叫奧斯卡的案例來說明。當奧斯卡回溯到前世的時候，發現自己是一個身穿盔甲的強壯鐵匠，和同村人一起對抗入侵的羅馬人，但最終戰敗。當他被綁著雙手站在一塊空地上時，看到一位戰友低著頭跪在地上，雙手被綁在背後。他目睹著戰友的頭顱被砍下，屍體被扔進大火之中。鐵匠一眼都不去看劊子手，莊嚴地面對和戰友相同的死亡：

「我只能聽到刀落的聲音。（停頓） 我什麼也聽不到，什麼也看不到了。」

「檢查一下你的心臟是否已經停止跳動，你是繼續和身體在一起還是離開了？」

「我留下來了。哦，我現在可以看到整個戰場、馬匹和人，還有一整排被俘的士兵等待著他們的命運。」

「你是想留在這個戰場上，還是現在可以繼續前進？」

「已經沒有什麼值得我留戀了。」

「你有什麼情緒或感覺嗎？」

「一直都有。被打敗真是太可惜了，我本來可以多打幾場仗的。這太不公平了。」

「你是留在這裡還是走了？」

「我走了。」

「是有什麼東西在拉扯著你，還是你自己走的？」

（停頓）「兩者都有一點。」

「你是看著前進的方向，還是向後看著地球？」

「我在穿過雲層，非常快。」

「告訴我你注意到了什麼？」

「只有一道明亮的光，巨大的光，它就在我的周圍，有點像白色和黃色的光。」

「你知道這是什麼光嗎？」

「不知道。（停頓）感覺就像回到了家。」

「接下來發生了什麼？」

（長時間停頓）「有一個人影向我走來。」

「看著這個人影，描述一下。它是能量形態還是人類形態？」

「很難描述。它的外表是金黃白色的，有類似胳膊和腿的東西，輕輕的、朦朧的。它過來迎接我，不像周圍的這道光那麼明亮。」

「這個來迎接你的能量，你認識它嗎？」

「它看起來像個女人。（驚訝的聲音）是我的指導靈。」

「你的指導靈叫什麼名字？」

「開頭字母是 Z…Z。」

「試著發音？」

「Zenestra。」

「你指導靈來的時候，你最先體驗到的能量是什麼樣的？」

「就是一道明亮的光。Zenestra 剛剛帶著一種釋然和渴望的神情擁抱了我，所有的一切都融合在了一起。」

「你有回顧那個前世嗎？」

「還沒有，但是這種可惜和徒勞的感覺已經消失了，我感覺不到它了。我覺得自己又恢復正常了。」

「這就好像是你得到了一次治療嗎?」

「是的。」

奥斯卡這部分的靈性回溯跟隨他前世鐵匠的死亡進入了靈界。在靈性回溯中，正常的進入點通常是案主上一世的死亡，但有些時候，他們的高維意識也會選擇另一個更有相關性的前世，以奥斯卡為例，他回到了羅馬時代的一個前世。因為案主通常會在靈界和指導靈一起全面回顧一次前世，所以我會在回溯前世時儘量快速到達死亡點，這也會給我留出更多的時間來處理兩世之間的靈魂回憶。深度催眠中通常不會發生任何自發的宣洩，但如果在前世死亡點確實發生了宣洩，治療師可以帶領案主快速經歷死亡點以減少進入靈界的干擾。

有些案主在離開地球時會向後看，有些會向前看。奥斯卡在死後發現他當時正在觀察戰場，以及對自己的不公平遭遇仍然抱有不滿的情緒和想法。還有一些案主在回憶起適應靈魂狀態時經歷了一些困難，或者在突然死亡後有一些困惑。這些時候，一些方向性的問題可以更快地引導他們度過這段困難的旅程:

前往你離開身體時的那一刻，你是自己離開的，還是感受到了某種牽引力?

你離開的時候是向後看著地球，還是看著你的前方?

在靈界恢復能量之後，靈魂的記憶會變得更加清晰，這時就可以例行詢問一些開放性的問題。案主在回答問題的時候可能會有所延遲，因此在等待答覆時最好要耐心一些，避免在上一個問題得到回答之前就提出下一個問題。

所有案主到了某個時刻都會報告說看到光，這些光是一些熱情友好的靈魂，它們前來幫助靈魂們過渡到靈界，這裡不需要收集太多的細節。單個較大的光通常會是案主的指導靈：

當你靠近時，會在遠處看到一個光還是許多光？

有沒有一個光向你漂近，還是你朝著它過去？

如果前世的死亡是創傷性的，案主會報告說去了一個療癒能量的地方，比如有時他們可能會說自己進入了一個水晶體內平衡能量。奧斯卡只是短暫地意識到有能量圍繞著他，然後前世消極的想法和感覺就消失了。這種能量被稱為「再生能量」，它的目的是在靈界中遇見其他的靈魂之前減少稠密的低負能量，或增加新的能量。創傷性記憶不會消失，只是其中稠密的能量被清除了。通過這個過程，靈魂能量的振動頻率會增加，於是他們就可以安全地與他們真實頻率相同的靈魂相遇：

描述一下你被吸引去的這個地方？

你的能量是增加了還是減少了？

經歷這種療癒對意識思維會產生深遠的影響。我發現在有些情況下，案主可能需要花幾分鐘的時間才會報告說療癒完成。一些治療師為了繼續進行故事，可能會要求案主直接到達療癒的完成點，而我更傾向於讓案主充分探索這種體驗。他們經常報告說自己的靈魂能量改變了顏色，或者有幾個光靈圍繞著他們使用不同顏色的治療能量。有時我會受到直覺吸引，將手放到案主的能量場上傳導能量來為他們療癒。這能夠讓他們在當前的身體中也感受到這種體驗，並在繼續回溯之前加深出神狀態：

看一下你能量場的顏色，告訴我這與你剛進入時相比有什麼變化？

如果案主之前已經達到出神狀態所需的深度，那麼這個部分通常會很簡單。如果案主報告說看見一片黑色，治療師可以直接要求他們想像一下，有一隻看不見的手在引導他們進入一個美麗的靈界；或者也可以要求他們繞過進入靈界的入口，前往他們指導靈所在的地方。如果案主說在前世死亡後記不起任何事情，這可能表明出神狀態的深度不夠。偶爾，指導靈可能會阻止靈魂訪問記憶，這通常意味著案主還沒有發展到可以得到該信息的人生階段。也許他們即將在生活中面臨一個重大決定，而指導靈並不希望干擾他們的自由意志，所以遺忘機制仍需要保持就位。在這種情況下，治療師能做的只有把案主從出神狀態中帶出，然後和案主討論一下他們發生了什麼。重要的是向案主強調這不代表失敗，因為事情的發生總是有原因的。另一種做法是可以在面談中事先達成一致，如果遇到這種情況的話，治療師將會轉而探索和轉化前世。

與指導靈一起回顧前世

前世回顧通常是在能量療癒不久之後進行的，這可以是一個單獨的活動，也可以與其他的光靈一起進行，這個光靈通常是指導靈。在一位名叫希瑟的案例中，她與指導靈一起回顧了前世。希瑟回溯到維多利亞時代一位 50 歲單身女教師的前世，女教師後來成為一個富裕家族的家庭教師，負責教導一大家子的孩子。她在死的時候很安詳，為找到這樣一個充滿愛的家庭而高興，臨死前這一家人都圍在她床邊。她開始感到呼吸困難，然後安詳地死去：

「我漂起來了。」

「你是向上看還是向下看?」

「我是向下看，當我漂得越來越高的時候，看到瑪麗、查爾斯和醫生在照顧我。我覺得他們應該在哭。」

「你可以離開他們繼續自己的旅程嗎?」

「是的。」

「你能看見遠處有光嗎?」

「前面似乎變得更亮了。是的，非常明亮。」

「你要過去嗎?」

「是的。」

「告訴我，當你到達光的時候發生了什麼?」

(長時間停頓) 「感覺好像我就在光中。」

「描述一下它是什麼樣的?」

「它……它讓人感覺很安全……(長時間停頓) 我感覺到了一個存在，很難用語言描述。」

「你認識這個存在嗎? 它是親戚、指導靈還是老師?」

「我只是感覺到一個存在，無法形容它。」

「你知道這個存在是誰嗎?」

「我想它是一位指導靈。」

「發生什麼了?」

「我有一種感覺，我們要去某個地方，我正跟著它漂浮。」

「接下來發生了什麼?」

「現在我在一個隧道裡，漂浮在它後面，我感覺很好，我被它帶走了。現在我到了，這裡感覺很擁擠，有許多不同的能量形態，它們成群結隊的。」

「一共有多少個不同的群組?」

「20 個或者更多，這個地方很大。」

「數一下所有的能量形態?」

「嗯，我想說有693個。（暫停）我現在在一個小房間裡，和我的指導靈在一起。」

「還有誰？」

「沒有了。」

「指導靈是能量形態還是人類形態？」

「能量形態。」

「他的能量是什麼顏色的？」

「黃色和黃紫色。」

「房間裡有沒有什麼其他的東西？」

「有一張桌子，我坐在桌子前面，他站著。不，他現在坐著了，或者至少他低了一些。」

「他現在要回顧你的前世嗎？」

「是的，我們現在正在回顧。」

「你們是從前世的哪個時間點開始的？」

「從死亡開始的。這是心靈感應式的，就像我們一起看到一樣。」

「接下來發生了什麼？」

「我們在不同的時間點停下來。」

「討論什麼？」

「那是當我離開父母的時候，他們死後我就逃走了。他說我沒有必要逃走，留下來也沒有關係。」

「你能理解嗎？還是需要更多的信息？」

「我能理解，我知道我當時很小，我逃走是因為不認識任何人。我覺得指導靈對於我的餘生很滿意，他喜歡我說話的方式，他說我用愛說話，這對我有好處。」

「你從這次逃跑中學到了什麼？」

（停頓）「我的父母在一次事故中死亡，但這不是我的錯。我逃跑是因為我不想讓別人以為這是我的錯，他知道這一點。在這之後，我把我的一生都奉獻給了幫助他人。」

「問問你的指導靈，在你父母去世後，原本的計劃是什麼？」

「是讓我學會自己站起來，這樣我就能學會獨立。」

「所以你留不留下來都無所謂嗎？」

「是的，我依舊學到了這個課題。我度過了美好的一生，學到了很多東西，也很獨立，但我仍然需要那個家庭。」

「和指導靈一起還發生了什麼事嗎？」

「只是和他待在一起感覺就很好。」

靈性回溯的案主報告說靈魂是不朽的，而且會自帶著一種漩渦狀的振動能量，這個能量有一系列不同的顏色，包括從代表年輕的灰色，到黃色、橙色、綠色、一直到代表經驗豐富的紫色。靈魂可以通過投射它們的思想能量，以人形或半人形的形態來顯示自己。場景同樣也會以正常的能量形態或者以人類可感知的形態來顯示，例如花園或寺廟等，讓回到靈界的靈魂感到舒適。比如在希瑟和指導靈的前世回顧中，她就是坐在一張桌子旁的。

所有靈性回溯的內容都會在一定程度上彼此不同。但探索靈性回溯與探索前世之間會有相似之處，通常來說，最好要讓靈魂記憶按照它們經歷的順序出現，從前世死亡一直到投胎進入來世：

接下來發生了什麼？

在我們繼續前，這裡是否還有其他重要事件發生？

儘管本書為治療師建議了各種類型的提問，但在很多情況下，治療師要根據案主的回答自然地提出問題，所以仔細聆聽是十分必要的。如果案主說他看到一個能量，治療師可以問「描述一下這個能量」或者「你認識這個能量嗎？」而不是「這些幫忙者是誰？」提問的問題最好是開放式的，並且表達清晰。靈魂記憶的非凡之處在於，它們通常具有很高的視覺內容。舉個例子來說，有一位案主在今生是個色盲，無法分清紫色和藍色、棕色和紅色，但他在靈魂記憶中驚訝地發現自己能夠看到並區分出所有不同的顏色。通常，案主體驗到的遠比他們說出來的要更多，所以治療師最好留出足夠的時間給案主回答問題。

希瑟在得到指導靈的接待之後，先被帶到一個空間和許多其他靈魂待在一起，直到進行前世回顧。有的靈魂會直接開始回顧前世，有些經驗更豐富的靈魂也可能會跳過這一部分，直接去圖書館，並單獨在書籍中回顧前世，它們會在稍後得到進一步的復審。即使希瑟的前世看上去平靜而完整，但她仍然回顧了自己的前世，因為這是下一次投胎之前許多其他靈魂活動的基礎。

以前從未與指導靈溝通過的案主會發現，這種與指導靈溝通的體驗將會伴隨他們一生：

你對遇到的這個人有何想法嗎?

希瑟發現這種深刻的體驗是超越言語的。指導靈有時也被稱為老師，它們與靈魂之間有著非常密切的關係，知道靈魂的人生計劃，並經常在靈魂的肉體轉世期間提供直覺的幫助和引導。有時，它們會以人形展示自己，讓來到靈界的靈魂感到更加自在：

你的指導靈是以身體形態還是能量形態展示自己?

詳細描述一下它的面部特徵或能量。

靈性名字往往是永久並具特殊含義的。奧斯卡指導靈的名字叫做 Zenestra，他在開始時覺得這個名字很難發音，這種情況並不少見，所以治療師需要鼓勵案主試著發音。

靈魂通常會與指導靈一起回顧前世，並通過心靈感應交流。有些案主會說這像是在看電影或視頻，還有的案主會說像是再次踏入了那一生，這讓他們能更具體地回憶起那些情緒。回顧前世是一個將業力學習帶入案主意識的機會：

你的指導靈會和你一起回顧前世嗎？

你完成前世的目標了嗎？

你在這個前世中有什麼問題嗎？

在與指導靈深刻的靈性相遇中，案主可能會停止說話，並被這種體驗所吞沒。為了確保信息的記錄，治療師需要鼓勵案主報告正在發生的事情。

有時，案主的人格會試圖回答問題，他們可能會報告說看到了如基督或天使之類的宗教偶像。如果出神狀態不夠深的話，這種情況就更有可能會發生。光靈可以用多種形態顯示自己，但案主也可能會根據自己的宗教信仰過快地解讀這種靈性體驗。尊重一個人的內心世界是很重要的，因此我只是簡單地鼓勵他們停留在這種經歷中，描述他們所經歷的事情，而不是做出快速的判斷。

如果此時有必要加深出神狀態的話，治療師可以通過案主直接進入與指導靈在「永恆當下」的對話：

我現在要請你的指導靈和我直接對話。

當案主從指導靈那裡接收信息時，會將他們從自己的意識中分離出來。此外，治療師也可以詢問案主永恆的靈魂名，然後直接向這個靈魂名提出問題，這會進一步分離案主的意識和加深體驗。

會見靈魂團體

在回顧前世之後，希瑟繼續進行靈性回溯，前往和她靈魂團體的會面。這些靈魂曾和她在許多次轉世中一起合作，她還認出其中一些靈魂出現在她的今生。以下人名已做了化名處理：

「接下來你要去哪裡？」

「我和我團體中的很多成員在一起。」

「我的團體？」

「我的媽媽在這，我很高興再次見到她。」

「它們是以人形展示自己的嗎？」

「不是的，但我知道它們是誰。」

「描述一下它們的顏色？」

「有一點淡黃色，但有些人是粉黃色的。」

「有多少個成員？」

「我想大約有 20 個，但附近還有其他人。」

「就待在你的團體裡，你能認出誰？」

「格雷格（今世的兒子）。它們現在正將自己展示得更像人類，還有約翰（朋友）、爸爸、格蘭特（前夫）、我的父母、岳父岳母、鮑勃（年輕時的男友）、還有斯圖爾特（她的另一個兒子）」。

「那珍妮呢？還有蕾莎？卡拉？」（面談中案主提供的人物名單）

「是的，我很高興見到卡拉。」

「你的能量是什麼顏色？」

「淡淡的粉色。」

「這和你的團體是相似的的？還是有什麼不同嗎？」

「是相似的。」

「你和這個團體一起經歷了多少次轉世？」

「很久了，我想說 46 次。」

「你們共同學習的主題是什麼？」

「和平。」

「你剛剛經歷的這個前世與和平有關嗎？」

「是的，獨立給我帶來了極大的和平，在那一世中我很平靜。」

「你能認出在靈魂團體中都有誰出現在這個前世嗎？」

「鮑勃是查爾斯，我的媽媽是瑪麗。」

「在離開你的靈魂團體之前，還有什麼其他重要的事情發生嗎？」

「沒有了。」

「你還和其他的靈魂團體合作過嗎？」

「有，它們都是黃色的，和我們團體的顏色略有不同。」

「到那裡去。你在這個團體中都認識誰？」

「伊恩（丈夫），還有露比（前夫的新妻子）」。

「這個靈魂團體的目標是什麼？」

「似乎是挑戰。」

「去找露比，你會對她說什麼？」

（笑）「她做得很好。」

「你和她只合作過這一世嗎？」

「我們在一起合作很久了。」

「她給你的這一生她帶來了什麼挑戰?」

「她會提醒我?」

「她提醒你什麼?」

「她會用某種方式來平衡我。」

「以靈魂的形式遇見她是一種什麼樣的感覺?」

「我有一種對立感，就好像我們在互相嘲笑對方。她很擅長自己的工作。」

「看看這是你讓她做的事嗎?」

「是的。當我離開格蘭特時，我把他的孩子從他身邊帶走了，而露比又把我的孩子斯圖爾特和格雷格從我身邊帶走了。她經常和格雷格一起合作。（驚訝的聲音）這是格雷格出的主意。」

當回溯過程進行到和靈魂團體見面時，案主通常會報告接近了一群光點。這是一種深刻的體驗，許多案主都會說這是「回家」。

靈魂有不同的能量顏色，這不是固定的，這種能量顏色經常會被描述為是漩渦狀和移動的。如果要求案主仔細觀察靈魂的核心，他們可以更清楚地辨別出顏色，有時甚至需要要求靈魂放慢移動的速度來識別不同的顏色。識別顏色很有用處，因為一種顏色代表著一個靈魂的經歷和發展。這些顏色的知識有助於識別案主遇到的靈魂團體的類型。顏色相似的靈魂屬於同一個「主要靈魂團體」，一般來說，這類團體中的靈魂們已經在一起共同合作過很多次的輪迴，所以它們在團聚時會產生非常強烈的靈性體驗。它們在顏色上可能會有些的差異，因為一個團體中的靈魂們並不會以相同的速度進步。那些進步更快的靈魂和主要靈魂團體在一起的時間會越來越少，和其他靈魂團體在一起的時間會越來越多。當它們與主要靈魂團體一起出現時，可能會顯得更暗，或者顏色可能會呈現出不同的色調:

把注意力集中在它們身上，一個一個地描述它們的顏色。

這和你的顏色一樣嗎？

當你加入它們的時候，你體會到什麼？

有時候，來自不同團體的靈魂會聚在一起就一個特定的業力方面進行合作。通過觀察成員之間不同的靈魂能量顏色可以識別這些不同團體。在希瑟的案例中，她把另外的這個團體稱為她的挑戰團體。案主的人物名單是非常有用的，尤其是那些在他們今生產生過負面經歷的人，很多這樣的人在靈魂團體的會面中會被案主認出來。比如希瑟認出了露比，她今生和露比發生過許多次的衝突。然而當她回憶起這是兒子格雷格靈魂出的主意時，她立刻就產生了新的洞見，因為重要的是她在靈魂層面上也同意了這個想法。認識到今生的關鍵事件是預先計劃好這一點，會對一個人的意識思維產生巨大的影響：

一個一個地注意你的靈魂團體，告訴我你今生認識的靈魂的名字。

會見長老

回到奧斯卡兩世之間的回溯案例，他在前世是一個被羅馬人處決的鐵匠。以下對話從他和指導靈 Zenestra 一起會見長老時開始：

「前往和為你計劃今生的光靈見面的時刻。」
「我坐在一張拱形桌子前面。」
「看看這個房間，它是能量形態還是物理形態的？」

「這就是一個普通的房間，一個白色的房間。」

「向上看，告訴我你看到什麼？」

「有紫色的、閃爍的能量，好像波浪。」

「你能感知到這種能量是什麼嗎？」

「它很強大，知曉所有的一切，而我只不過是它的滄海一粟而已。」

「你能與這個能量連接嗎？或者其他人能與這能量連接嗎？」

（停頓）「我想其他人可以吧。我與它有連接，但並不是以思想的形式。」

「還有誰和你一起在這個房間裡？」

「Zenestra。」

「她在你身邊還是在你身後？」

「在我身後或者身邊漂浮著。」

「看看你的面前，告訴我一共有多少個光靈？」

「六個。」

「它們如何展示自己？以能量形態還是人類形態？」

「人類形態。」

「描述一下它們，從最突出的那個開始吧。」

「這是一個黑人，頭頂上有一團黑髮；下一位是個金髮碧眼的老太太；另一位女士帶著老師的微笑，是那種很仁慈的微笑，她的頭髮盤成一個髻；然後還有一個上了年紀的禿頂男人。」

「還有其他人呢？」

「還有一個看上去是中東人，眉毛濃密，一頭黑色的短髮；站在最後面的是一位老太太，頭上蓋著黑色的面紗，臉上有很多皺紋。」

「他們中哪一個會和你講話？」

「看起來像老師的那個。」

「仔細地觀察一下，看看她有沒有什麼飾品或裝飾性的東西？」

「她的頭髮上戴了一個東西，是女人盤髮髻時用的東西。」

「髮卡嗎？」

「是的，就像一個大的、金色的髮夾。」

「這個金髮夾有什麼重要的意義嗎？」

「它像是一高音譜號，一個音樂符號。」

「它對你來說意味著什麼？」

「我人生中最熱愛的就是音樂，一直都是如此。音樂是我一生中最親密的伴侶，它可以填補或者調節我的情緒。」

「你們之間有什麼對話嗎？」

「高靈們問我為什麼害怕。」

「他們指的是今生還是其他的前世？」

「今生。」

「你怎麼回答？」

「我做不到。」

「他們的回答是什麼？」

「你想要達到什麼目標？」

「你對他們說什麼？」

「我想留下一些讓世人長久受益的東西，並讓人們記住我。」

「他們怎麼回答呢？」

「你不是已經做到了嗎？」

「要求他們回顧一下今生並將這一點放大。告訴我他們怎麼說？」

「你從母親那裡得到了愛、溫暖和保護，而你的母親也正好需要付出這一切。你給予了每個人愛、溫暖和保護。你的幸福在於能給別人帶來幸福，給予別人幸福已經超越了你想要成為什麼、或者你是誰。你開始從別人的角度看自己和做事情，即便沒人期望你會這麼做。所以你走上了這條路和這個職業，並以犧牲自己的身份和需求做為代價。現在，你已經走到一個分叉點，一邊是讓他人感到快樂，一邊是做出改變讓自己也能夠感到快樂。你現在需要在兩者之間架起一座橋樑，這個差距是可以被縮小的，而你也將做得到。所以要勇敢地繼續去學習。」

「你現在明白了麼？」

「明白了。」

「可以放下恐懼了嗎？」

「可以。」

靈魂在兩世之間的體驗中最重要的部分是與光靈相遇，這些光靈具有一定的經驗和智慧，並且無需肉體轉世。光靈們會與它們面前的這個靈魂一起回顧它的進展，重播它任何的一個前世，討論各個方面，直到靈魂瞭解下一世需要面對的是什麼為止。通常案主在兩世之間至少會有一次這樣的會面。案主稱呼這些光靈們的名字包括長老（Elders）、高靈（Higher Ones）、大師（Masters）或智者（Wise Ones）等。有時候案主不會提到什麼名字，只是報告說要去參加一個重要的會議。有些作家會稱這些光靈們為長老理事會（Council of Elders）③或業力委員會（Karmic Committee）④。如果案主使用了一個特定的稱呼，那治療師就要使用案主的這個稱呼；如果案主沒有提到什麼稱呼，我發現在靈性回溯中可以安全地提起它們的稱呼是「計劃下一次輪迴的光靈」。在下文中，我將使用「長老」這個名字作為統稱。

通常，案主會報告說他們的指導靈已經加入了他們，正要準備一起離開，這可能表示他們要去會見長老。這種會面可以發生在靈性回溯中的任何時刻，但通常會在與靈魂團體的相聚之後。當然治療師也可以在任何時候要求案主直接跳到這一部分。這個指令在奧斯卡的回溯中特別有用，它讓奧斯卡離開羅馬前世死後的靈魂回憶，直接跳轉到投胎今生之前的靈魂回憶：

去一個地方，在那裡你會遇到為你計劃今生轉世的智慧光靈，去那裡和它見面。

在這個時候，詢問有關會面的地點以及對光靈的描述是很有用的。這有助於在開始對話之前設置場景，並讓案主在治療結束後回聽錄音時增加他們體驗的深度：

描述一下你的行程路線，告訴我你看到了什麼，以及到達後發生了什麼？

描述一下你所處的環境？

長老的人數和外貌很重要。通常它們會展示對案主來說有象徵意義的外貌，佩戴的胸針或裝飾品，這些細節對案主來說可以是極具深刻意義的。有一位案主甚至按照在回溯中看到的胸針樣式，特地手工製作了一個來提醒自己有關它的訊息。

治療師需要花些時間來詢問細節性的問題。在奧斯卡的會面中，一位長老戴著一個高音譜號形狀的金髮夾來提醒音樂對於平衡他情緒的重要性。可能的問題包括：

仔細看一下，它們是能量形態還是人體形態？

描述一下每個人的面孔。

描述一下它們的穿著，以及你注意到的任何裝飾品（或標誌）。

這個裝飾品（或標誌）**對你來說有什麼重要意義?**

在這次會面中，它們向你傳達了什麼訊息?

和長老的回顧會比進入靈界後與指導靈的初次回顧更為全面，並為案主的下一世奠定了基礎。有時案主也可能會回顧一連串的前世來瞭解長老對他們的期望。

在奧斯卡與長老的會面中，問題轉移到了他今生所擔心的事情。這被稱為在「永恆當下」工作，後面會有介紹。在這種會面中，沒有什麼是可以被隱藏的，靈魂也完全知道這一點。值得注意的是，長老們為奧斯卡提供建議時懷著巨大的慈悲，它們在會議中帶給他的愛也是極為強烈的。

為今世選擇身體

回到希瑟靈性回溯的案例。以下對話從她為今世做準備工作的時候開始:

「前往你為今生選擇身體的地方，描述一下你所處的環境。」

「這裡好像有一些屏幕和撥號盤，很大的屏幕。我的指導靈和我在一起。」

「有多少個身體讓你選擇?」

「三個。」

「跟我說說除了你現在這個身體之外的另外兩個身體。」

「一個是高個子男人。」

「那是一個什麼樣的人生呢？」

「哦，不了，我可不想要那個身體。」

「那個身體怎麼了？」

「我不喜歡長得那麼高，我得一直彎著腰，不過這會是個溫柔的身體。」

「那第二個身體呢？」

「我看起來很普通。」

「是男人還是女人？」

「是個女人，很樸實，實際上有點簡單。我不明白為什麼會有這個選擇。不，我可不想要那樣的生活。」

「這個人生的家庭情況如何？」

「是一個相當團結的家庭。」

「它會給你的人生提供一個堅實的基礎嗎？」

「是的，那個家庭充滿了愛，是一種簡單的、非物質化的生活。」

「你現在所處的是第三個身體嗎？」

「是的。」

「你為什麼選擇這個身體？」

「因為我的父母將會成為他們想成為的人，而他們的人生將真正成就我的計劃，因為我的父親將會是一名老師，母親將會是一名護士。我知道他們會帶給我一個快樂的童年和非常強大的平台。」

「你可以選擇智力或情感嗎？」

「我不需要太多的智力。」

「那是你的選擇嗎？」

「是的。」

「如果你智力很高，會發生什麼？」

「我可能會分心，變得唯物主義。」

「那情緒呢？」

「我選擇了非常平穩和平衡的情緒。」

「這是你的選擇還是指導靈的選擇？」

「是我的選擇。」

「你的指導靈同意你的選擇嗎？」

「是的。」

「在為今生選擇身體時，你是否知道會有體重的問題？」（面談中我們討論過超重的問題）

「是的。」

「所以你在轉世之前就知道了這個問題？」

「是的，因為我選擇的父母有體重問題。在其他所有的事情都正確的情況下，我並不需要擔心這個問題。」

這裡是靈魂嘗試下輩子身體的地方，有時它們可以做出選擇。有些案主會形容看到身體就在他們面前，或者就像在看視頻或屏幕一樣。無論他們如何描述，這種心靈感應式的體驗會讓他們對自己本身和他們的來源有更多的瞭解。靈魂會在靈性回溯中的某個時刻前往這個地方，通常發生在與長老會面時。或者，治療師也可以要求案主直接去那裡：

前往你為今生選擇身體的地方。

在這個過程中，靈魂可以做選擇的程度取決於它們的經驗。對於身體有問題或者有家庭困難的案主，瞭解他們為什麼選擇今生的身體和家庭尤為重要：

你有幾個身體可以選擇?

你認為每個身體都能為你提供些什麼?

你可以選擇每個身體的人生、家庭或情境嗎?

如果你可以對這些身體有選擇權，為什麼你會選擇這個身體而不是其他的呢?

前往輪迴

以下簡短的摘錄來自一位名叫安妮的案主，她是一位來自丹麥的 30 歲女性，特別要求在靈性回溯中探索她是如何轉世的。這段對話從她為今生做計劃的時候開始:

「接下來你要去哪裡？」

「我現在必須走了，要去計劃我的下一生。我的指導靈現在要帶我去電影院，在那裡我可以看到計劃和做出選擇。」

「你要計劃現在這一世嗎？」

「是的，我們已經討論過了，我必須處理同一個問題，所以我知道這一世的生活將會是怎樣的。」

「告訴我你要處理的問題是什麼。」

「我必須讓我的靈魂能以一種平衡的方式和我連接。」

「計劃過程是如何進行的？」

「我想我可以在兩個人生之間進行選擇。」

「看一下第一個身體，告訴我它的情況。」

「這是一個女孩。」

「她的身體是怎麼樣的？」

「就是一個正常的身體。」

「她的人生是什麼樣的？」

「這個女孩會依靠她自己，不會有很多來自靈魂團體的成員加入這個人生，但我會接受良好的教育。」

「你會以什麼方式接受良好的教育？」

「我將會去法學院，擁有一份事業，然後在人生的某個時候和自己的靈魂連接。」

「你為什麼拒絕這個人生？」

「這是一個非常受控制的人生，很耗精力，也很難感覺到情緒。」

「這意味著什麼？」

「靈魂會很難進入那樣的心智頭腦，周圍的人不會有太多的支持，因為他們全都是知識分子。」

「這個人生會很艱難嗎？」

「是的。我不確定我的靈魂能量能不能克服這一切。」

「你需要帶走很多的靈魂能量嗎？」

「是的。」

「你們討論過要帶走多少嗎？」

「至少 70%。」

「你以前曾經試過帶著這個水平的靈魂能量轉世嗎？」

「沒有。」

「帶走這麼多靈魂能量有什麼風險呢？」

「我將無法繼續在靈界的家中工作。」

「所以你可以在轉世的同時也在靈界工作？」

「是的。」

「繼續另一個身體吧。這是你為今世選擇的身體，你對它的第一印象是什麼？」

「有些弱點。」

「什麼弱點？」

「那種隨風而行、柔軟的性格。」

「還有其他印象嗎？」

「這個身體還是不錯的，身材正常，智力正常。」

「家庭情境是已經設定好的，還是你要自己去設計？」

「我知道會有幾個靈魂團體的成員和我一起。」

「對這個身體來說，團體成員的加入對你有什麼好處呢？」

「我們可以互相幫助。」

「你和你的指導靈討論過這個身體需要帶走多少靈魂能量嗎？」

「是的，我可以帶走35%的靈魂能量。」

「這對你來說有什麼風險嗎？」

「是的，我可能會無法實現我今生的目的。這就是為什麼團體成員的幫助是很重要的。」

「哪個身體能為你提供最多的靈性成長？」

「我現在的這個身體。這個身體要去的國家是丹麥，那裡的思想更加開放，也沒有自然災害或戰爭帶來的危險。這將是一個受到保護的人生，這樣我就可以專注在我的目標上。」

（這個時候，我跳到靈性回溯後面的一個部分）

「我想要你前往開始為今生做準備工作的那個時刻。你是一個人還是和指導靈在一起？」

「我和指導靈說再見（嘆氣），然後我自己走了。」

「你要去哪裡？」

「我去了一個房間，這裡充滿了各種顏色，感覺如此放鬆與和諧。我想我又得到了一次療癒。」

「這次的療癒以什麼方式幫助你面對即將來臨的事情？」

「因為出生的過程會很艱難，我需要一些額外的幫助才能進入這個小小的身體。」

「你帶走了一些額外的能量嗎？」

「是的，這也會幫助母親應對這次生產。」

「你何時會知道是時候出發進入這個小小的身體了呢？」

「其他人會給我一個信號。」

「這個房間裡還有其他的能量形態和你在一起嗎？」

「是的，它們知道我要離開的時間就是當寶寶準備好的時候。」

「前往那個時間點，告訴我發生了什麼？」

「我進入了一條光的隧道，然後穿過這條隧道。我在這麼遠的地方也能感覺到胎兒的身體。我在試著進入它。」

「你先進入哪個部分？」

「頭部，我現在試圖進入頭部。」

「你知道這個胎兒幾個月大了嗎？」

「我想它已經六個月大了吧？」

「當你進入的時候，開始發生什麼？」

「我們試著融合彼此，這是一次非常溫和的見面。」

「這和你之前融入其他的胎兒相比如何？」

「這次融合進行得非常容易，這個胎兒很合作。」

「你通常是在六個月的時候加入胎兒，還是有時會早一點或者晚一點？」

「我想有時我會早一點加入。」

「你曾經最早的一次是什麼時候加入的？」

「三個月的時候，我不得不做很多的準備才能進入胎兒。」

「在三個月之前加入會有什麼問題嗎？」

「是的，胎兒還沒有發育得很好。在發育還沒有完全成型時，仍然有可能會發生一些事情。」

「你曾經最晚的一次是什麼時候加入的？」

「七個月。」

「七個月之後會怎樣？」

「會很難加入，你必須要強硬一些。」

「強硬一些會有什麼問題？」

「這不是我喜歡的方式，我喜歡溫柔一些。」

「如果你必須強硬一些，會不會對胎兒的身體造成影響？」

「可能會，但是我不會去冒任何未經計劃的風險。」

所有的人類都有自己獨特的靈魂，這個靈魂可以被分成兩部分，一部分的靈魂能量被帶入下一次轉世，而另一部分則會留在靈界。帶入轉世的能量比例會影響人生的類型，能量比例越少，靈魂對人生物質方面的影響就越小，實現人生的業力目標也就越困難。留在靈界中的靈魂能量會進行靈界活動，例如繼續學習來世的生活，或與靈魂團體一起工作等等。靈性活動的水平取決於剩餘能量的比例，這個比例越高，可以在靈界進行的活動就越多。因此，當靈魂在靈界和人間轉世同時運作時，一個多維實相就產生了:

告訴我，你去哪裡等待離開靈界並轉世到今生。

你將帶走多少比例的靈魂能量?

將這一比例的能量帶入這次轉世的原因是什麼?

這種能量的分裂並不是絕對的，因為靈魂在各個部分之間保持著一種被稱作直覺的能量連接，它就像一個全息圖，保持了靈魂的整體性。指導靈和靈魂之間可能會計劃帶入新人生的能量水平，但這經常會由長老最後審查或設定，因為關於這個計劃的人生含義，長老們可以獲得更廣泛的信息。在一次人生中死亡後，靈魂能量便可以在能量恢復的期間或之後重新聚合。能量恢復有時可能會被描述為一場能量淋浴，或者只是一種擴張感和再次完整的感覺。

靈魂能量與肉體的結合通常發生在胎兒身體最具可塑性的階段，即孕後大約四個月的時候，前世中任何尚未解決的精微體記憶將會附著在靈魂能量上。而這部分將被拓印在胎兒身上的，未解決的前世記憶的比例也是新人生計劃中的一部分。這個記憶的比例越大，人生就會越困難。靈魂能量會與胎兒的生物學遺傳特徵融合在一起，為新生命的個性奠定了基礎:

你將會從前世帶來什麼樣的情緒或身體記憶?

你將會帶走多少比例的情緒或身體記憶?

將這一比例的前世記憶帶入這次輪迴的原因是什麼?

在靈魂能量與胎兒身體融合的時候，靈魂會放置一個記憶的遺忘機制。它可以防止人們在意識水平沒有準備好吸收的情況下被難以承受的創傷性前世記憶所吞沒，並能讓新人生成為一個為舊業力尋找新的解決方案的機會。遺忘機制是一個在童年早期逐步完成的過程:

前往你的靈魂能量與子宮中的胎兒身體相融合的時刻，告訴我你的經歷。

你將如何記住在今生需要遇見的重要人物？

發現自己在靈魂層面上曾經參與過選擇身體、生活情境和困境，會帶給案主新的洞見。一位案主報告說：

> 「我明確地感受到進入了一個和前世經歷不同的空間，並擁抱了它的不同層次。我所獲得的洞見和理解是無法用語言來形容的，就好像我被暗示了有一件更偉大的事物。隨著這一認識的深入，它對我的影響是巨大的。」

其他靈性活動

隨著更多的輪迴經驗，靈魂會逐漸遠離與靈魂團體一起合作的重心。它們可能會開始接受靈界各個專業領域的培訓[5]，並更多地參與到下一世的計劃過程中。一位案主回憶說，他曾在一個靈魂團體中研究靈魂與身體的融合，並使用不同類型的身體和不同的能量水平在多個前世中進行實驗。另一位案主回憶說，他曾在另一個行星系統學習能量工作的知識。有時靈魂會獨自學習和思考，有時會教導其他的靈魂，或者去學習大廳。

混種靈魂是邁克爾·紐頓為一類特殊的靈魂所起的名稱[6]。這些老靈魂可能是因為母星球被摧毀而來到地球，也可能是為了現代人類的複雜狀況所具有的特殊身心挑戰而來。作為靈魂能量，它們可以像其他靈魂一樣與胎兒融合，但其中一些可能會因為難以適應而導致一些心理問題。許多能適應地球的混種靈魂們都過著一種積極的生活，它們會報告說它們的前世在另一個星球上，並不一定以物質形式存在。不用說，這些靈魂與長老、靈魂團體和身體選擇有關的回顧過程可能未必會遵循本章前面所提到的模式，因此我故意沒有在書中加入更多它們的信息，混種靈魂的情況也很少發生。當真正遇到這種案例的時候，我發現最好的方法是去扮演一個好奇調查員的角色，在沒有任何先入為主的情況下讓故事浮現。

在「永恆當下」工作

治療師可以在回溯過程中隨時引導案主與長老會面，進入「永恆當下」（Eternal Now）來互動對話。在對話中，治療師可以為案主向長老提出一些特定的問題。這個環節可以在探索完靈魂記憶之後進行，讓案主在回聽錄音時更加清晰：

前往和長老們（或使用由案主提到的名稱）**的會議。**

在催眠和靈性回溯的超常意識狀態下，案主的直覺連接會強烈流動。治療師要抓住這個機會，確保案主在治療中得到所有他們需要的信息：

請它們確認你今生的目的是什麼。

它們對你今生的進展有何評價？

它們有沒有提供其他建議來幫助你的今生？

也可以提問有關案主未來靈性發展的問題。但是在某些情況下，當長老認為這會干擾案主的自由意志，或者認為他們已經有足夠的信息去處理時，信息流可能會突然停止：

它們能告訴你未來的靈性活動嗎？

如果案主的目標之一是加強與指導靈的溝通，這可以在永恆當下完成。治療師可以將回溯過程帶到和指導靈會面，並引導案主與指導靈之間的基本溝通。這就會為案主以後的冥想工作奠定基礎：

向你的指導靈諮詢如何改善你與它的溝通。

在結束一次靈性回溯之前，治療師有必要確認案主是否還有其他問題：

在我們離開靈界之前，我想讓你告訴我，還有什麼最後的問題要問光靈嗎？

一次完整的靈性回溯

化名為克萊爾的案主是一位 32 歲的律師，她在六個月前剛剛經歷了一次重大的人生轉變，現在正接受培訓準備成為一名輔助治療師。在此之前，她已經體驗了幾次前世回溯，現在想要對自己的業力進度有更多的瞭解，並知道自己是否走在正確的靈性道路上。她帶了一份名單，列出了一生中八位重要的人物，包括丈夫、一些家庭成員、前男友和婆婆。以下是她治療記錄的主要部分。

在快速進入深度出神狀態之後，克萊爾回溯到了一名在俄羅斯工作的僱傭兵的前世。這位士兵在護送一些重要的俄羅斯貴族時遭到了蒙古人的伏擊，並在隨後的戰鬥中被殺害了：

「有一道美麗的光。」
「是這道光朝著你過來，還是你朝著光過去？」
「我們朝著彼此靠近。」
「當你們彼此靠近時發生了什麼？」

「雖然它沒有人形，但我仍然能感覺它在用一雙手臂擁抱著我，就好像它在擴張，然後我就被吸引到愛的感覺中去了。」

「它是一種輕柔的、還是強烈的牽引力？」

「我感覺到被自己的內心牽引著，然後感覺到有一隻手從後面引導著我。」

「你還能感覺到別的事物嗎？」

「我正在離開地球，有一道美麗的光正在離開地球。我現在離得很遠。就只有顏色。」

「你知道遇到的這個能量形態是什麼顏色的嗎？」

「淡淡的顏色，藍色、紫色和綠色。」

「你知道這個能量是誰嗎？」

「是……是我的老師。」

「在這個前世中，是這位老師一直在監督你嗎？」

「他一直在給我傳遞信息和提示。」

「他在和你說什麼？」

「他似乎很高興，看起來一切都很順利。」

「看看你那一世原本需要學習的是什麼，和他一起回顧一下。」

「是關於責任、榮譽、尊重和團隊合作。」

「在回顧的時候，你留意到什麼？」

「他坐在桌子旁邊。他現在看起來不一樣了。」

「他看起來怎麼樣？」

「他很年輕，比我大一點，很強壯，是位男性。」

「他穿著什麼特別的衣服來展示自己嗎？」

「他穿著伐木工人的衣服，顯得很隨意。」

「他為什麼要以這種樣子來展示自己？」

「這個樣子會讓我感到舒服，我可以更輕鬆地談話，不會像他用能量展示自己的時候那樣令我不知所措。」

「他如何與你一起回顧前世？」

「一部分是以心靈感應的方式，一部分是用說話的形式。凡是重要的回顧內容，我們都會口頭談論，但其他內容他會通過心靈感應跟我交流。他在安撫我，讓我知道一切都沒問題。」

「他從前世的哪一部分開始回顧？」

「從死亡開始，以倒述的方式進行回顧。」

「現在你已經和指導靈一起回顧了前世，你認為自己那一世做得如何？」

「我挺開心的。在那一生中，我曾經做了一些錯誤的決定，但最後還是得出了正確的結論。我不太高興在最後被人殺害了。」

「告訴我，你和指導靈討論關於被人殺害時發生了什麼？」

「他說這是我選擇的人生的一部分。他反問我，怎麼可能希望軍隊中沒有殺戮。」

「那你怎麼說？」

「在那一生中，我曾以為加入軍隊是為了高尚的原因，但現在我只感到悲傷。」

「問問你的指導靈，他對你感到悲傷怎麼說？」

「他說沒關係，這是慈悲的表現，他告訴我應該知道每個人都有自己的選擇。他展示給我看在最後一戰中襲擊我們的人對他們自己做的事感到莫大的榮耀，他們選擇的戰斗方式與我所選擇的戰斗方式是一樣的，我們都知道其中的風險。」

「你現在明白了麼？」

「當我剛剛離開人類身體的時候很難明白這一點，我現在仍然帶著一些物質能量的痕跡。我的指導靈說沒關係，它會慢慢褪去的，我還沒有完成他所謂的『匯報和整合』。」

「繼續下一部分，告訴我發生了什麼。」

「有其他人在。」

「描述一下你在哪裡，其他人和你在一起嗎？」

「這個地方很難描述，它像是一個巨大的圓頂房，由能量構成，到處都充滿了能量。」

「除了這個圓頂房以外，你還注意到其他什麼方面嗎？」

「有很多人。」

「它們在做什麼？」

「它們漂浮著，這地上不是那種堅實的地板，而是像波浪一樣。」

「其他人是以人類形式，還是以能量的形式展示自己？」

「以能量的形式。」

「你對它們這樣的形式感到自在嗎？」

「是的。」

「描述一下這些能量形式是什麼樣的。」

「充滿活力的、光芒四射的、半透明的。」

「它們有發出什麼特定的顏色嗎？」

「它們似乎是不同的顏色。當它們交流的時候，顏色會改變。」

「有多少能量在這個圓頂房裡面？數一數。」

（長時間停頓）「有 67 個。」

「它們相對你來說在什麼位置？」

「它們好像分成了三個群體。有一群呈半圓形圍繞在我的左邊，一群在我的後面和右邊，還有另一群漂浮在比我高的地方。」

「你在這個地方做什麼？」

「我想見我的朋友，它們似乎都知道我要來。」

「你體驗到什麼？」

「感覺就像是一個巨大的擁抱，我很高興能回到它們身邊。」

「這個團體中有多少個成員？」

「一共有 26 個。」

「在這個靈魂團體中，你們是否嘗試一起學習某些課題？」

「是關於幫助。」

「你和它們在一起經歷了幾次輪迴？」

「53 世。」

「看看這個團體的一些顏色，描述一下。」

「是半透明的銀色，和我的能量一樣。」

「你能認出有哪個成員出現在這個前世中嗎？」

「是的，有兩個是我在軍隊裡的朋友，還有很多個和我同時轉世，但是出生在不同的地方。」

「它們當中有誰是你的敵軍嗎？」

「是的，有五個。（輕笑）它們覺得這很有趣，因為我們叫它們野蠻人，它們也叫我們野蠻人。」

「你現在對這裡的戰友和敵軍有什麼看法？」

「要忠於我們的事業。儘管當時我們在各自的團體中都很困難，但我們仍在努力傳遞友誼和慈悲，並在日常點滴中為朋友和家人付出許多愛和幫助。」

「關於這些同伴你還有什麼需要知道的嗎？」

「沒有了。」

「你的靈魂團體中有多少個人在你今生轉世了？」

「七個。」

「你認得它們嗎？」

「是的，我們將會一起工作。」

「問問它們，你們將會一起做什麼？」

「我們會嘗試將愛和光傳播給盡可能多的人，以某種方式感動人們。這很難描述，我們要對每一個機會持開放態度、對理解持開放態度、和對自己與他人的療癒持開放態度。」

「這個團體還有什麼你需要知道的嗎？」

「沒有了，和它們待在一起就已經很好了。」

「前往你加入另一個靈魂團體的時候，你在跟他們做什麼？」

「這是一個活躍的團體。我們會互相挑戰。」

「這個靈魂團體有多少個成員？」

「有 21 個。」

「看看這個團體的顏色。它們的能量顏色是相同的還是不同的？」

「是不同的顏色。」

「這個團體的目的是什麼？」

「這是我的學習小組。」

「這個團體現在有沒有在學習一個特定的課題？」

「有幾個課題，目前我們都在學習寬容。」

「你們之前都學習過什麼課題？」

「真理、愛、遺憾和幸福，這些是主要的課題。」

「你能認出這個靈魂團體中都有誰出現在你今生嗎？」

「我能認出八個能量，但只有四個我能對得上名字。」

「那讓我們看一下這四個你能對得上名字的能量。選一個，然後告訴我你對它們說什麼，它們對你說什麼。」

「我們只是在笑曾經遇到過的那些問題，這些問題現在太不重要了。」

「這是事先計劃好的嗎？」

「是的。」

「把它們逐個帶上來，和它們討論一下今生的一些問題。」

「這很難討論，它們不可以告訴我。」

「它們可以喚回你們計劃要一起工作的記憶嗎？」

「我們和老師們聚在一起，討論我們需要學習的東西。如果有兩個匹配的人可以在一起工作，那就很容易了，但如果需要更多的人參與，我們就需要談論一下。有時當我們的團體中沒有匹配的成員時，就會有人自願扮演一個角色來幫助我們。」

「在你們同意合作之前，是否需要知道自己將擁有什麼樣身體？」

「你會大概瞭解所需要的身體形態。舉個簡單的例子，如果你將成為一個施害者並且需要使用力量，那麼你就會得到一個強壯的身體；如果你將成為一名受害者，那麼你會得到一個柔弱的身體。」

「前往你為今生選擇身體的地方，告訴我你看到了什麼，發生了什麼？」

「這是一個由能量構成的房間。在房間的一部分，你可以看到些圖像。」

「你怎麼知道你可以選擇什麼樣的身體？」

「它有一個通用的樣式，然後你可以有不同的選項，例如短的、胖的、瘦的等等，當你選好這些後就可以進入細節了。」

「你今生有幾個具體的選項？」

「三個。我可以選擇是一個虛弱的男人，在一個沒有愛的家庭長大；也可以選擇是一個胖女孩，生活在一個虐待我的家庭裡；我現在擁有的身體和家庭是第三個選擇。」

「是什麼讓你選擇了現在的身體和家庭？」

「我想要擁有一個堅實的人生基礎，我覺得這能支持我克服人生困難的部分。」

「困難的部分與寬容有關嗎？」

「有些是關於對自己的寬容，有些是關於對他人的寬容。」

「如果用其他的身體，你也能夠學習到寬容這個課題嗎？」

「我覺得我可能會失敗。」

「你對大腦或情緒的類型有選擇嗎？」

「是的。」

「你是怎麼選擇的？」

「我對智力沒有選擇權，這由我的老師決定。對於情緒，我有兩種選擇，要麼我可以完全感受到自己和其他人的處境，要麼難以感受到。」

「最後是誰做的決定？」

「是我和老師一致同意的。如果很難感受到情緒的話，那這個人生容易多了。但我想體驗所有的情緒，我的老師也同意了。」

「還有其他的決定嗎，例如父母？」

「父母的類型由我選擇的身體所決定，而具體是哪兩位父母會有人幫我做選擇。」

「在做出最終決定之前，你是否試過這些選擇？」

「是的，我必須要嘗試。我不知道怎麼來形容，我會去體驗那些感覺，就像在冥想中一樣，其中一些感受不是很好。」

「那你瞭解為什麼今生會擁有這個身體、思維、情緒和父母了嗎？」

「是的。」

「當你做出決定之後，需要回到自己的靈魂團體告訴它們嗎？」

「不知道為什麼，它們好像都知道。」

「你會用身體和靈魂團體做角色扮演嗎？」

「這次沒有。在其他的前世我試過。」

「在轉世之前，角色扮演的目的是什麼？」

「這樣你真正需要做的事情就會被烙印在你的能量上，因為在轉世以後，你不會記得這些事情。這就像是在你必須做出決定的那個時刻被烙印下了一個驅動力，這個驅動力會讓你在那些時刻覺得應該做這個決定而不是另一個。」

「在我們離開學習寬容的這個靈魂團體之前，你還有什麼要對他們說的嗎？」

「再見，我們很快會再見的。」

「前往你加入第三個團體的時候，告訴我你在那個團體中做什麼？」

「我在這個團體中覺得非常的謙卑，這個團體是另外兩個團體的督導。」

「它們和你的老師不一樣嗎？」

「一樣，我的老師是其中一員。」

「它們中有成員目前在輪迴嗎？」

「我只確定有一個。」

「你和這一位有一起合作過嗎？」

「有。」

「你認得出是誰嗎？」

「是的。（驚訝的聲音）他是我懷的孩子。」

「你還有什麼需要知道的嗎？對它們還有什麼疑問嗎？告訴我你們討論內容的總結。」

「我們已經開始討論了。我想問我是否需要積極地去做些什麼。」

「如果你的老師允許透露給你，問一下在不久的將來你會做什麼事情。」

「它們無法確切地告訴我，我要做的就是留意機遇，而當機會出現的時候，我將會感覺到它。」

「感謝它們的信息和幫助。現在前往光靈幫你計劃今生轉世的地方，描述一下這個地方。」

「這是另一個圓頂房。」

「這裡有多少種能量形態？」

「有七種。」

「它們是以人類形態還是以靈性形態展示自己？」

「它們以能量形態來展示自己。」

「描述一下你在這些能量形態的周圍留意到什麼？」

「它們的能量巨大到讓我分心。這個圓頂房和剛才那個看上去並沒有什麼不同，但是感覺上卻很不一樣。」

「專注於圓頂房中的能量，描述一下這種能量。」

「這是來自源頭的能量，強大到讓我無法靠近，簡直是壓倒性的。它會直接與你的心臟相連接。」

「除了圓頂房之外，在這些能量形態的周圍你還留意到其他什麼嗎？」

「地板是物理形態的，像是大理石。有時候這裡會有一張桌子，但現在這張桌子不在這裡。還有幾張大的高背椅。」

「這些能量是什麼顏色的？」

「就是純潔璀璨的光。」

「你的老師和你在一起嗎？」

「是的。」

「告訴我在這次相遇中發生了什麼？」

「我的老師就像是我的辯護人。」

「他說了什麼？」

「他會提醒它們我們一起做過的所有工作，特別是我一直在做的工作。」

「你的老師對你的工作有什麼特別的評價嗎？」

「他說我做得……我聽得不是很清楚……他說我做得很好，在其他靈魂團體朋友需要的時候給予了幫助。他說只要他覺得我做的事還不夠成熟，我就還需要在寬容這個課題上繼續努力。」

「在處理寬容這個課題上你花了多少個前世了？」

「在某種程度上有三個。」

「你能否請光靈來扼要地重述一下這些前世，讓你明白在每個前世中發生了什麼？」

「我現在正在接收大量的信息。我曾經從一個可以形容為暴力的角度來理解寬容。在第一世中我不被人們所寬容，怎麼做都無法讓人們看到我是誰，他們就是看不見除了我外表之外的東西。我認識到，我不能期望通過告訴人們來改變他們的觀點和看法，我還學到了別人對我的看法其實並不重要。在下一世中，我選擇了扮演一個相反的角色，做一個不寬容的人，這樣我就可以體驗到相反的東西。」

「你在那一世中是怎麼樣的人？」

「我是個挺可怕的女人，完全不接受別人有不同膚色、身形和殘疾。我甚至看不起那些生活平庸的人，或者任何生活方式與我不同的人。」

「第三世是什麼樣的？」

「是今生。」

「你能問問光靈，它們怎麼評價你的前兩世和今生？」

「我已經完成了大部分工作，我需要注意的是一些小事情。」

「它們指的是什麼小事情？」

「大多數的時候，我以為寬容是指大的事情，例如不同的膚色或文化。我現在學習到我需要包容每個人的觀點和意見。現在我開始試圖瞭解為什麼人們會有那些觀點，而不是只認為他們粗魯。如果一個人有很多話說或很少話說，都有可能是因為發生了一些事情。」

「光靈還有什麼可以幫助你的建議嗎？」

「要對我的周圍保持覺知，認清情況並從中學習。」

「你能理解嗎？」

「是的，我理解。」

「它們還有什麼話要對你說嗎？」

「它們似乎很滿意。」

「你還有什麼話要問光靈嗎？」

「我需要更多的信心。」

「問一下它們能不能讓你看一個對你有幫助的前世？」

「它們現在向我展示一個前世。在那一世中我很強大，我覺得自己無所不能。」

「你現在能感覺到這種力量嗎？」

「我現在感覺它就在我的胸口。」

「每當你需要被提醒自己的力量時，就會回憶起這種感覺和這個前世。」

「它們在點頭表示認可，並用心靈感應的方式讓我感覺到它們很滿意，我只要繼續堅持就可以了。」

「有誰能詳細告訴你在不久的將來，有什麼靈性事務要做嗎？」

「它們對我現在所參與的靈性工作以及正在進行的培訓和發展感到非常滿意。我被告知需要對自己的能力有更多的信心，不要擔心會出錯，如果意圖是正確的，就沒有關係。」

「它們有沒有給你任何具體的信息？」

「我將有機會遇到一個我以為我永遠都不會遇到的人。」

「它們允許告訴你更多的細節嗎？」

「這和通靈能力的發展有關。」

「這個人會以什麼方式幫助你？」

「他會帶給我啟發，僅僅是呆在這個人的能量範圍之內，我的振動就會得到調諧和提升。」

「這些信息足夠了嗎？」

「是的。我想它們可能已經說了一些本不應該說的。」

「你對光靈還有什麼最後的問題嗎？」

「沒有了。」

「讓我們感謝它們的智慧和洞察，請它們離開這次會議吧。」

克萊爾的確在接下來的日子裡生了一個孩子，也如預言那樣遇到了一位通靈老師，並且正與一些來自她靈魂團體的成員一起展開了靈性工作。這是後來克萊爾為她兩世之間靈性回溯寫下的文字：

「儘管我覺得自己的話無法做到完全公正沒有偏見，但如果我必須找到一種方式把自己的感受寫下來的話，那我會說靈性回溯是一種極其深刻的體驗。它給我人生中很多我所認為的「問題」提供了一個語境，讓我能夠看到人生的大局。

在這次不可思議的機會中，我得以窺見我在兩世之間做出選擇的過程和程序，確保我能充分利用在地球上轉世為人的時間。我見到了我的靈魂團體，並在愛、理解和無批判的氛圍中會見了我的業力團體，還見到了我的長老理事們，並和指導靈打開了溝通的渠道。這真是神奇又奇妙。它讓我對宇宙的力量、以及每次我們選擇返回地球的過程產生了深深的敬意，也讓我重新尊重我自己和自己所做的選擇。我更加愛我今生的朋友、家人、挑戰者、以及這段旅途中的兄弟姐妹們了。

對我來說最神奇的是，我覺得這次的經歷不僅觸動了我自己，也觸動了在靈性回溯治療過程中腹中的胎兒。在她出生之前，我們就已經彼此瞭解。她在這個旅程中的部分會很完美，也已經準備就緒。我不用花時間擔心懷孕的身體或其他一些事宜，也不會對分娩感到恐懼。我們已經見過彼此的靈魂，並準備好一起工作。我簡直無法形容我在懷孕的每一刻有多麼自由。

當我寫下這些文字的時候，我意識到這次的回溯經驗對我的觸動比我之前意識到的還要深。我感受到了重新連接，我知道我在哪裡，我知道我為什麼要來，我知道當我要做出決定時，時機和選擇都會是完美的，我知道我是被愛的。」

總結

靈性回溯的重點不是解決情結，那是回溯治療的目的。然而，它可以讓案主對他們的靈魂進化和今生的目標產生深刻的洞察，甚至還可以讓案主有機會回顧他們在今生的進步，並得到長老的靈性指導。通過這種更深刻的理解和更廣闊的視野，案主可以有機會改變今世的生活，並因此開啟一個靈魂療癒和解開情結的過程。雖然有些案主在前世回溯中可能會自發地想起一些靈魂記憶，但大多數人需要深度催眠來增強直覺連接以獲得深度的細節。不過，在前世回溯中建立的直覺連接會允許案主與指導靈進行互動對話，也會為將靈性回溯的各方面整合到回溯治療做好鋪墊。

附錄三列出了許多可以在靈性回溯的過程中用來導航靈魂記憶的關鍵問題，但也有許多問題是由治療師憑經驗和直覺，根據案主的回答自然地提出的。兩個最簡單的導航問題是「接下來發生了什麼」，以及「在我們繼續之前，還有什麼其他重要的事情嗎？」治療師傾聽案主很重要，這樣才可以在回覆中借用他們的詞句。如果案主說「我能看到能量」，治療師可以問「你認識這種能量嗎？」或者「描述一下這種能量」，這會比「這個幫忙者是誰？」這種誘導性的問題更可取。處於深度催眠狀態的案主回答問題的速度可能會比較慢，因此治療師需要在提出下一個問題之前，給予他們足夠的時間回答。

為了加速靈性回溯的進程，治療師可以引導案主直接前往一些重要的活動，例如與指導靈、靈魂團體和長老的會面，或者選擇身體的地點等。在通常情況下，最好要讓靈魂記憶自然浮現，不然有可能會錯過一些有趣的部分，比如參觀圖書館或一些特殊活動等。但如果這個前世不是案主的上一世，治療師就需要用一句引導性的建議帶他們前往今世的人生計劃。最好把長老和指導靈在「永恆當下」的互動問題留到最後，確保完成案主所有的問題和目標。

靈性回溯中可能會發生一些障礙。最常見的障礙是案主難以進入深度出神狀態，這一點可以在治療前得到篩查，並通過聽自我催眠 CD 以及使用催眠進行前世回溯來減少障礙。其他的障礙可能會來自指導靈，發生在跨入靈界時或靈性回溯的過程中，雖然這種情況並不常見，但總是事出有因的。通常這是因為案主在當前生活中正在進行某些業力方面的工作，而現在還不是他們回憶起靈魂記憶的正確時間。

有時，分析型案主在回溯之後可能會懷疑這種體驗是否真實。可以幫助他們驗證真實性的細節包括：和靈性人物團聚時的情感強度，回溯過程中的細節有別於曾經閱讀過的其他回溯故事，以及視覺上的細節水平等。案主在深度催眠中會從字面意義上來回答問題，除非有意識地干擾，否則靈魂記憶是會浮現的。最重要的是，案主會反饋說這些與他們今生有關的信息有一種直覺的真實。

8

處理身體記憶

「治癒痛苦的方法就在痛苦之中，好壞參半。
如果你兩個都沒有，你就不屬於我們。」
——耶拉魯丁 · 魯米，13 世紀蘇菲派。

許多身體工作者報告說，當他們為案主提供深度按摩時，如果刺激到緊張或敏感的身體部位，案主經常會出現前世的畫面，這就好像他們通過身體進入了能量場中的某些記憶一樣。一位案主報告說，當他接受胸部深度按摩時看到了身體被壓住的畫面，後來隨著更多的故事浮出水面，他發現自己原來曾經是一名瘟疫的受害者，和其他屍體一起被人從推車倒入坑中，但他當時還是活著的。

身體記憶可以由一次創傷性事件造成，也可以經過一段時間的積累。如果一個孩子整日生活在被父母暴打的恐懼中，他可能學會畏縮、扭頭、和把雙手伸出空中保護自己的習慣動作。如果這種情況持續下去，暴力威脅會一直激活身體的肌肉，直到肌肉在潛意識中「學會」這個姿勢為止。這個孩子就會永遠處於這種戒備狀態，將恐懼一直鎖在他體內，並伴隨長期的聳肩、扭頭和胃部緊張。經年累月保持這種模式會惡化成為一個固定姿勢[①]，如果這種情況無法解決，它最終將形成一個凍結的身體記憶。威廉 · 賴希（Wilhelm Reich）[②]把這種情況稱為身體盔甲（Body Armor），並在一些身體部位中發現了這種無意識的肌肉僵硬模式，包括頭部、下巴、頸部、肩膀、胸部、隔膜、骨盆、腿、手臂、手和腳。

本章中的許多技術均改編自羅傑 · 伍爾格（Roger Woolger）的工作。他率先在回溯治療中使用前世的身體意識，並將他的方法稱為「深層記憶處理」（Deep Memory Processes）[③]，他在書籍和文章中對此作了詳細闡述[④]。在派特 · 奥格登（Pat Ogden）和可庫尼 · 明頓博士（Dr Kekuni Minton）的《感官動能心理治療》（Sensorimotor Psychotherapy）[⑤]，以及樹 · 斯湯頓（Tree Staunton）[⑥]廣受好評的《身體心理治療》（Body Psychotherapy）都著重強調了身體記憶的重要性。附錄一會更詳細地討論這些內容。

身體語言

西方世界存在著一種通過壓抑來避免表露情感的文化。當這種情況發生時，伴隨這種感受的身體感覺也會受阻，結果導致許多人發現很難描述自己的身體感覺。現在請你花幾分鐘的時間想一想，並用盡可能多的詞來形容你在身體裡體驗到的感覺，一般人最多會列出六個。以下是一些感覺詞彙示例：

疼痛、緊張、凍結、顫抖、振動、滑膩、模糊、抽動、潮紅、緊繃、噁心、沉重、遲鈍、光滑、發癢、緊、刺痛、出汗、稠密、暈厥、收縮、易怒、壓力、旋轉、呼吸困難、窒息、尖銳、緊鎖、麻木、搖搖欲墜、濕潤、發狂、潮濕、涼爽、溫暖、腫脹、頭暈、撞擊、抽搐、濕冷、緊繃、發麻。

擁有更廣泛的感覺詞彙可以幫助人們加深對自己身體狀態的認識，尤其是在使用身體橋接的時候。治療師可以通過使用定向問題來鼓勵案主描述和定位他們的症狀，例如：

這個感覺是遲鈍的還是尖銳的?

是抽動的還是緊繃的?

是靠近表層還是深層?

如果案主被要求描述一種感覺，他們通常會用「恐慌」或「恐懼」之類的詞來形容，但這些詞指的是一種情緒狀態，不是感覺本身。這時，治療師可以要求案主描述這些情緒在體內的位置，比如恐慌在體內的感覺可能是快速的心跳、顫抖和淺呼吸；憤怒在體內的感覺可能是下巴的緊張或想動手的衝動；絕望可能是感覺到脊柱塌了、低頭和縮肩。

探索身體記憶

薩姆的治療問題發生在去邁阿密探望兒子的旅途中。一天晚上，三個吸毒亢奮的人帶著槍闖入他們租的小屋勒索錢財。薩姆被綁住雙手，喉嚨上被一把刀緊緊地扣著，她快被嚇死了。因為擔心會激怒對方，她在遭到踢打的時候勇敢地強忍住沒有尖叫，眼睜睜地看著她的兒子和媳婦被人毆打。自從這次事件之後，薩姆經歷了長達 18 個月的噩夢和驚恐發作，她曾經試過一些其他的治療，卻並未改變症狀：

薩姆被要求展示出受到攻擊時的姿勢。當她的雙手合在胸前時，記憶就如洪水般湧了出來，她開始抽泣，我快速地帶她經過這一段。薩姆在回想時說：「當時我想把繩子從手腕上掙脫開，然後朝著他們大喊，但是我不能。」她被要求回到那個姿勢中，然後我將毛巾擰成條狀，輕輕地纏繞在她的手腕上，重現事件的心理劇。當她回溯到記憶中的時候，掙脫開了毛巾，並爆發出一陣喊叫和咒罵聲，記憶在此時就被轉化了。她呼出一口氣，臉上露出了笑容。驚恐發作和噩夢在治療結束後就消失了。

薩姆的情結是從自己會死的念頭開始的，接著引發了恐懼的情緒，最後再發展成被凍結的身體記憶，即手的姿勢和尖叫。這個案例中的轉化是從形成情結那一刻的身體記憶開始逆向而行的，也就是從薩姆受到攻擊的時候開始。以下步驟可以用來探索身體記憶：

回到……之前的那一刻。

對於身體記憶，治療師要鼓勵案主「展示」而非「講述」記憶。

身體，展示給我看現在正在發生什麼。

身體，展示給我看接下來發生了什麼。

處理身體記憶往往會打開一次深埋的宣洩，因此在情緒釋放的時候，治療師需要注意不要讓案主覺得過於難以承受。隨著經驗的增長，治療師就會知道是否需要在一次治療中完全釋放情緒，還是通過幾次回溯療程逐步釋放。控制情緒釋放可以用高於正常音量的聲音反覆告訴身體跳到結尾：

身體，跳到結尾。

處理身體記憶會讓案主將注意力集中在他們自己的身體上，原因很簡單，因為正是在身體裡，情結中被凍結的身體能量才能得到最有效地釋放和轉化。對於情結中情緒和想法的部分，可以在後續進行治療。

轉化前世的身體記憶

很多時候，今生無法解釋的身體症狀可能是來自於前世中暴力的死亡。比如絞刑、戰鬥、被野獸吃掉、酷刑、謀殺、被岩石困住、地震、強姦、被群眾毆打等，這些都是可能會遇到的死亡場景。正如伊恩．史蒂文森（Ian Stevenson）在他的研究中所發現的那樣，這些事件中凍結的身體記憶是如此地強烈，以至於它們常常會給今生帶來無法解釋的緊張、痛苦、甚至是身體上的胎記。

用一位名叫莎莉的案例來說明。莎莉已經 40 多歲了，從她記事起開始，脊椎頂部和手臂就長期遭受著「無法解釋的疼痛」，她對於獨處也曾有過不安的想法。莎莉已經進行過一次回溯治療，在那次治療中，她回溯到一個大家庭中的農民妻子。孩子們在長大後一個一個地離開了家，後來丈夫也被迫離開家去別處工作。她一個人留守家中，沒有錢和食物，只有一個兩歲大的孩子，她叫他「寶貝」。那一生中的孤獨迫使她最終走向自殺。在解決了前世的情結之後，莎莉第一次能夠在自己的陪伴中體驗到真正的快樂。接下來第二次的治療是處理她無法解釋的疼痛:

> 莎莉被要求將注意力集中在脊椎的疼痛上，並被鼓勵調整好姿勢。她坐直身體，雙手舉在空中，回溯到了一個 10 歲女孩的前世。一個熾熱的火鉗正要往下按在女孩的脊椎頂部來懲罰她。莎莉輕輕地抽泣著，身體開始顫抖。年輕女孩被迅速帶過死亡，她跌倒在寒冷黑暗的地上，一個人在恐懼中

死去。當女孩咽下最後一口氣時，莎莉嘆了口氣，呼吸緩了下來。

我們回顧了女孩前世中的重要事件。她從小一直和父母幸福地生活在倫敦直到父母感染上瘟疫。為了不讓她也染上瘟疫，父母把她趕出了家門，並告訴她鄰居們會照顧她。不幸的是，鄰居們懷疑她可能也染有瘟疫，就避而不見。無處可去的她，只有終日在鋪滿鵝卵石的街道上獨自游蕩，靠偷取食物和睡在寒冷的過道中生存。她記得聞到一個大房子的廚窗上放著兩個已經冷卻了的大餡餅，因為極度飢餓，她決定去偷一個來吃。但她沒有逃跑，而是坐了下來吃。大房子的一個僕人抓住她，說要懲罰她這個邋遢鬼。兩個男人抓住她胳膊，把她扔進一個黑暗的地牢。後來，她被舉起雙臂，綁在一根橫樑上，雙腿離開地面。她破舊的衣服被撕開，然後意識到一個男人正在把火鉗燒得通紅。她被快速地帶過這段死亡經歷。

我問「脊椎」和「雙手」希望在前世中改變什麼。莎莉回答說，她希望她的雙手可以掙脫出來，把火鉗推開。於是年輕女孩被要求回到死亡點，呈現出當時的身體姿勢。當莎莉坐起來並舉起手臂時，我用一條毛巾作為道具綁住了她的雙手，並用手按壓來製造火鉗的心理劇。莎莉描述感到了脊柱的疼痛，並聞到灼燒的血肉味。她受到鼓勵，掙脫開雙手，並通過推開我按壓在她脊椎上的手來推開火鉗。最後，她鬆了一口氣，報告說疼痛和緊張已經完全從脊椎中消失了。

在這個案例中，前世的入口剛好處在一場暴力死亡當中，莎莉被快速地帶過這段經歷後，再回顧了整個前世。因為我使用的是身體橋接，所以在這個情結上發現了身體記憶。另一種方法是可以在轉化之前再探索身體記憶。莎莉的轉化是從和受影響的「身體部位」

交談開始的，即她的手和脊椎。接著，她被帶回到前世的死亡點，允許親身體驗解開綁住她的繩子，並推開熾熱的火鉗，就這樣她在前世中凍結的身體記憶很快就被轉化了。莎莉的脊椎和肩膀中「無法解釋的疼痛」從那一刻起也消失了，再也沒有困擾過她。

如果進入暴力性的前世死亡，治療師可以帶案主快速到達死亡點。治療師需要提高音量，不斷重複地說：

跳到死亡點……身體，跳到結尾。

遭受酷刑的人可能會經歷一段漫長而痛苦的經歷，而死亡是生命結束的訊號。為了縮短死亡經歷的持續時間，治療師可能有必要重複說以上句子。如果案主沒有完全地回憶起暴力致死事件，就不會意識到那從未發出的一聲尖叫，或者身體中從未感覺到過的傷口。如果案主對死亡有抵抗，這可能是為了生存而掙扎或鬥爭，那麼將這種抵抗回憶起來再釋放掉是非常重要的，因為這是在今生不斷重複的情結的源頭。

和在靈界轉化一樣，治療師最好讓案主決定如何體驗改變。當身體記憶被轉化時，創傷會被重新喚起，身體的各個「部位」也將有意識地得到一些新的認識。與身體的各個部位交談可以留意到需要轉化的不同方面，並確定案主是否需要一次或多次的心理劇回溯。例如，這些不同的身體部位可以是緊握的拳頭、麻木的腿或是被綁住的雙手等：

手（或手臂、腿等）**，有什麼你曾經想做但是做不到的事？**

當案主在講述暴力故事的過程中是一位受害者，並且身體或腿變得僵硬時，就可以判斷這是一個「關閉情結」。「關閉情結」也可以表現為部分身體的麻木、身體內部感覺的遲鈍和肌肉反應減緩等。因為涉及到生命能量的損失，所以在轉化凍結的身體部位時需要一些額外的能量。我個人發現使用薩滿的力量動物是非常有效的，當我要求案主尋找一種具有他們所需能量的精神動物時，案主經常會報告說帶回了比如像獅子、熊、老虎這一類的動物。這個能量是什麼或者來自何處並不重要，重要的是它似乎為轉化凍結的肢體提供了一個比喻：

進入動物王國去尋找一隻精神動物，它會擁有你所需要的能量……將這種動物的能量帶入你的體內，感受能量進入……（拳頭、腿等）**時的力量。**

在莎莉的例子中，轉化開始於她感覺到火鉗的那一刻：

前往……（創傷性時刻）**之前的那一刻。**

毛巾或抱枕這樣的道具是很有幫助的，治療師在使用這些道具的時候可以發揮一些創意。在莎莉的案例中，我用手施加壓力製造了火鉗的效果，這樣她的身體就可以體驗到把它推開的感覺：

身體（或拳頭等）**，把你一直想要做的事情做給我看。**

情緒，尤其是恐懼，就像一個超級充電器，會把身體記憶中的能量增加到一個巨大的水平。但當一個障礙被釋放了之後，案主就會感受到有一股自然的能量流入以前從未到達過的身體部位。案主經常會發出一聲嘆息，或是報告說那個身體部位感受到了溫暖、顫抖或新的知覺。

轉化今生的身體記憶

當無法抵抗或逃脫時，例如在戰爭、酷刑、性虐待和童年毆打的情況下，一個人的自衛系統就會變得不堪重負和混亂。有關這些情境的記憶可能是一些過度活躍的情結，伴有無法控制的身體痙攣、攻擊性、高度警覺和無法控制的暴怒發作等症狀，有時也被稱為創傷後壓力（Post-traumatic stress）。另外，這些記憶也可能是一些關閉情結，症狀表現為長期屈服、無助、無法設定界限、感覺受阻、麻木和重複受害人角色等。這兩種情結都伴有驚恐發作、噩夢、身體疼痛和閃回的症狀。

一位名叫喬的案主是一位 30 歲的單身女性。她被診斷出患有創傷後壓力症，伴有胃痙攣、牙齒顫抖、呼吸困難和身體發抖的症狀。她一直試圖去控制這些症狀，用她的話來說：「就好像我的胃和身體的其他一些部分不屬於我一樣，它們是各自獨立的生物。」她還患有睡眠障礙，經常會在夜間驚恐發作時醒來。這些症狀發生在一次武術事故之後，困擾了她長達十年之久。在那次缺乏監督的訓練中，男對手突然失控暴怒，用腿鎖住了她的腹部和胸部使她無法呼吸。她對這件事沒有任何細節上的記憶，只記得自己當時無法說話，只能拼命掙扎要求他放開，直到失去意識。當她蘇醒過來後，感覺到胸口疼痛。第二天，她發現自己的肋骨斷裂，手腳也失去了知覺，還有其他症狀很快在日後陸續出現。多年來，她嘗試過各種傳統和輔助治療，但情況都沒有得到緩解：

> 喬被邀請用她的身體展示當時發生的事情。一開始，因為發抖、身體拱起、恐慌和喊叫引起的過度刺激太難以承受，她很難感知到身體的感覺。我鼓勵她要相信自己的身體，允許動作自然地發生，不要試圖以任何方式去引導動作，當她覺得受不了時，可以隨時停止。讓她知道這一點是很重要的，因為在創傷得到放鬆和緩和之前，接觸這個事件可能會感覺非常強烈。我問她是否願意做一個試驗，拿一個抱枕壓在她的腹部來體驗身體被腿困住的感覺。喬同意了，我鼓勵她用

手抓住抱枕，當她受不了時可以推開它。這讓她完全掌握了控制權。一開始，當抱枕壓在肚子上時，喬拱起背來發抖，然後立馬就把抱枕推開。於是，我帶著她慢慢地經歷整個事件，並要求她注意肚子的感覺，每經歷一次回溯，她都能延長一點推開抱枕的時間。

喬還希望處理喉嚨呼吸困難的問題。我一邊邀請她慢慢地做深呼吸，一邊把抱枕壓在她的肚子上。最初她覺得很困難，在感覺到快要窒息時一下子就推開了抱枕。經過鼓勵和多次嘗試之後，她的呼吸變得緩慢而深沉。喬報告說喉嚨仍然感到有一些緊張，於是在接下來的回溯中，我要求她將注意力集中在這些感覺上。最終，她可以在承受抱枕壓力的同時保持平穩的呼吸。

經過40分鐘的釋放和轉化凍結的身體記憶之後，喬感到筋疲力盡，但同時也品嘗到了全新的身體感覺。她說自己感到平靜，與身體的聯繫更加緊密了。

我們再花了三次治療，用類似的方式處理了肚子的問題，以及牙齒打顫和雙腿發抖的情況。這幾次治療的強度有所降低，但仍有一些身體記憶的殘餘存在。喬說她現在睡覺更安穩了，而且不太容易出現閃回和痙攣的情況。

在第五次的治療中，喬說她希望這次治療能夠集中處理一段一直困擾她的關係。這段關係的結束與那次武術事件差不多在同一段時間內發生。懷著悲傷和渴望，喬回溯到了一名中世紀男人的前世。她報告說，意識到自己躺在一口漆黑的枯井底，當屍體一個接一個地被扔到她身上時，她感覺到胸部和下半身有被壓碎的感覺。這個中世紀男子很快就死了，當他離開身體時，喬的呼吸變得更容易，身體也更放鬆了。

我們接著回顧了這個前世。這個男人和一個年輕漂亮的黑髮姑娘結了婚，雖然沒有孩子，但是幸福恩愛。後來，本國其他地區的一些人前來入侵他們的地區，哪怕只是一個普通的農場工人，他也被迫要加入抵抗軍的隊伍。抵抗軍們擁有的只是木製武器，根本無法與侵略者們抗衡，他也很快被人打敗和抓住，被兩名士兵向後推入井中。

在前世死亡之後，這位中世紀男子被要求去見他妻子的靈魂，他發現妻子因為失去他而傷心不已。喬擁抱著我遞給她的道具抱枕，重新回憶起兩人之間經歷的深厚愛情。接下來，這名中世紀男子被要求重新體驗井中的死亡，並讓身體以任何需要的方式來改變這段經歷。因為中世紀男子想與妻子待在一起，所以喬被鼓勵繼續抱著抱枕來提醒他們之間的愛。中世紀男人被要求重新回到井底當第一具屍體掉到身上的那一刻。這一次，當喬的肚子受到壓力時，她能夠繼續握住抱枕，這也是她第一次能夠在沒有任何反應的情況下感受肚子上的重量。身體掃描表明，喬所有的緊張感都消失了。

通過這幾次的治療之後，喬報告說她的睡眠模式已經完全恢復正常，也沒有驚恐發作。她不再需要有意識地控制自己的身體，並感覺到自己的身體是完整的。她在黑井中經歷的痛苦和創傷性的武術事件融合在了一起。通過對這兩個事件中身體記憶的清除，對她現在的生活產生了重要的影響。用她的話來說：「以前的我就像是一個植物人，現在我擁有了第二次人生，可以盡情地享受生活的每一刻。」

像喬這樣過度活躍的能量釋放需要得到控制，才能讓案主在釋放和轉化所有被困能量的同時還能對發生的事情保持掌控。這需要治療師對案主具有高敏感度，以及在治療過程中徵得他們完全的同意。探索和轉化凍結的今世身體記憶的技術與處理前世的技術是一樣的，不同之處在於今世身體記憶的能量水平會更高，並經常需要更多次的回溯治療。

心理劇

有時，在身體治療的轉化中，宣洩過程會卡住並且不能得到釋放。心理劇（Psychodrama）是一種通過在轉化前用戲劇化的方式來營造事件張力的技術。例如，當前世一個奴隸遭到毆打但沒有反抗時，一個情結可能就產生了。在瞭解前世故事之後，案主可以被帶回被打之前的那一刻，然後利用故事中的信息來製造張力。「他手裡握著棍子……當我數到三的時候，棍子就會打下來了……一……讓你的身體展示正在發生的事情……注意你的拳頭開始握緊了……所有你想做但卻未能做到的事情……二……當我數到三時，你就回憶起你身上發生的事……三。」

呼吸和聲音是放大凍結感覺的另一種方法⑦。如果一個前世人物生氣地說「我想打他」，治療師就可以配合他們音量，鼓勵他們一遍又一遍地重複這句話。如果他們大聲喊叫，治療師也可以用大聲喊叫來將當下的時刻戲劇化，並強化案主的感受。人在害怕時會呼吸短促，治療師可以用短促的呼吸為害怕的案主做示範。如果前世人物說他們很悲傷，但是情緒似乎卡住了，治療師可以說：「試著深呼吸，留意如果你發出悲傷的聲音會是怎麼樣的。」

深度創傷的解離和碎片化

心靈與身體的分離是一種防禦機制，它可以讓一個人在可怕的事件中倖存下來，而不必被困在身體內去感受身體的痛苦。在這種情況下，意識似乎會與身體分離和離開，比如案主會報告說自己不帶任何情緒地從遠處目睹事件，或者處在像夢一樣的狀態中。在《治療的過程》（The Process of Healing）一書中，愛麗絲・吉文斯

[8]（Alice Givens）注意到案主還會用一些想法自動催眠自己以避免心理創傷，比如「我不想有這種感覺」或「這不是真的發生了」等。

在極端害怕或恐懼中，這種情況會更加惡化。上個世紀，赫爾曼[9]（Herman）在他的癔症研究中強調，癔症患者喪失了整合壓倒性事件記憶的能力。通過仔細的調查技術，他證明了創傷性記憶會被普通意識分開和阻斷，並被保存在一種異常的狀態下。弗洛伊德將未解決的創傷稱為固著（Fixation），現代心理動力學理論的貢獻者費爾拜恩（Fairbairn）將它稱之為「碎片」（Fragmentation）[10]。這種情況通常發生在情緒高度緊張的情境下，例如一些戰場上的情況，包括戰鬥中的受傷、截肢、暴行和酷刑等。如果一個人在一段時間內反覆受到虐待，例如審訊中的酷刑或兒童受虐，還會發生多重碎片。如果這些記憶碎片在未來進入意識覺察，與這個事件相關的某些情緒和身體症狀就會重新出現。對於在戰爭中被恐懼吞沒的轟炸倖存者來說，他們的記憶碎片就是所謂的「閃回」（Flashback），只要一個聲音可能就會引起身體的顫抖和強烈的恐懼。一個記憶碎片無法構成一個清晰的故事，它只是當時的一些思緒、零碎的情緒和身體記憶。如果到死亡時這些碎片意識仍未得到解決，它們就會被當作精微體的記憶給帶走。

這裡用一位名叫羅斯的案例來說明。羅斯是一位 40 多歲的母親，在一次公眾工作坊中她提到，她的問題主要是對丈夫沒有性慾，每當他進入她的身體時，她就會僵住。這麼多年來，她一直在經歷自我傷害，最近的行為是用菸草和酒精來麻木自己的感覺。多年來的常規治療從未讓她擺脫這些困擾。羅斯對自己的童年幾乎沒有記憶，然而在六個月之前她得了一次盆腔內部感染之後，觸發了一些父親性侵她的記憶片段，當時也大約是她開始哮喘的時間。她勇敢地與工作坊上的其他治療師分享了這個極度痛苦的回憶：

羅斯回溯到今生的記憶中，那是在她 11 歲的時候。她看著窗外的父親離去，心想：「這都是我的錯」。在這之前，她發現了一盤父親和情婦談話的錄音帶，由於不能完全明白裡面的內容，她把它交給了母親。母親與父親對峙後，父親離家出走。羅斯一邊重複說著「這都是我的錯」，一邊開始輕聲地啜泣，她被鼓勵去調整自己的身體姿勢來配合這種體驗。羅斯的下半身顯得僵硬，她感到麻木和一種壓力。接著，她的腦海中出現了巨石壓住她雙腿的畫面。當她探索這段試圖掙扎逃脫的身體記憶時，發出了一聲沮喪的呻吟，然後開始一場宣洩。我直覺地感到這是她前世的一部分，於是提醒她身體已經死了，現在可以離開了。

接著，我要求羅斯重述這個前世的重要事件。她唯一能想起來的是自己是戰場上的一名士兵，被建築物上掉落的碎石所困。我將這名士兵帶回第一次感覺到碎石壓在他腿上的時刻，然後用一個抱枕壓在羅斯的腿上，並鼓勵士兵在「精神態」的幫助下推開碎石。羅斯開始咳嗽，呼吸困難，更多的記憶開始浮出水面。原來那名士兵將建築物倒塌的灰塵吸入了他的肺裡。他被再次帶過死亡，羅斯釋放了更多的宣洩。到這個時候，她的身體已經明顯放鬆，呼吸也恢復了正常。士兵被要求重述那一生的事件。那是在第二次世界大戰期間，他被派去偵察敵人，因為過於害怕，他不慎向上級傳遞了錯誤的信息，導致許多人遭到屠殺。他還回憶起炮火和烏鴉啄食屍體的情景，這場屠殺是他的過錯。我注意到，提供錯誤信息而導致災難與羅斯的童年記憶之間有一種關聯，這是一個她的模式。

士兵被要求回到第一次感覺到腿被碎石困住的時刻。然後我在羅斯的腿和下半身分別放上抱枕，然後鼓勵士兵通過推開抱枕的壓力來推開碎石。當碎石被推開之後，羅斯被要求去體會體內的感覺。當她伸出雙腿去感受它們時，她覺得自己的呼吸更加輕鬆了。我再次鼓勵她動一動雙腿，感受一下它們的移動，並在仰臥的同時做出跑步的動作。當她雙腿運動的時候，明顯變得更放鬆了。她說當她做跑步動作時，能感覺到她的身體是多麼的強大。

當我問小羅斯是否也想要逃跑的時候，羅斯開始輕聲抽泣。她回憶起童年時感受到父親壓在她身上的重量，雙腿停止了移動。小羅斯意識到自己離開了身體，低頭看著父親性侵她的情景。我把抱枕壓在羅斯的下半身，然後鼓勵小羅斯去推開父親。當她試著推開抱枕的阻力時，淚水湧上了羅斯的眼睛，她抽泣著，感到呼吸困難。她記得父親的重壓讓她掙扎著喘不過氣來。羅斯一開始並沒有力量去推開抱枕，我鼓勵她可以借助前世士兵推開石頭的力量。當小羅斯終於推開父親，並從壓力中解脫出來的時候，她感覺到一股能量流進了手臂和胸部。我接著問小羅斯的腿想做什麼，並鼓勵它用跑步的動作來表達自己。然而當小羅斯能重新感受到下半身時，她變得很困惑，因為她回想起了當時生殖器帶給她的愉悅感。我提醒她說，每個人的生殖器都會自動做出這樣的反應，於是建議她一個有用的想法：「生殖器，我不責怪你感到愉悅，你當時所做的一切是自然和正常的。」在羅斯整合了生殖器的記憶片段之後，她的臉顯得更放鬆了。

小羅斯記得父親告訴過她，如果她告訴母親，警察就會把她帶走。我鼓勵她想像著母親，對她說出她一直想說的話。當她告訴母親父親對她做過的事情時，淚水湧上了她的眼睛。我要求羅斯掃描一下身體是否還有緊張，她表示雙腿仍然感到緊繃。我鼓勵她一邊深呼吸，一邊讓雙腿再次感受跑步的動作。她說她現在真的很享受這個動作，臉上露出了笑容。

這個案例表明，當整個身體都參與進來的時候，就有可能很有效地處理相當嚴重的創傷。當案主受到充分鼓勵時，他們就可以非常迅速地完成身體和情感的釋放，以及碎片的整合。對於痛苦的童年記憶來說，前世可以作為一扇後門，先釋放掉一些凍結的前世記憶，再來面對今世的創傷。在旁觀者看來這可能是痛苦的，但於羅斯來說，這實際上是一個巨大的解脫，工作坊裡的每個人都可以從她完成治療後的表情和談話中觀察到這一點。經過這次治療，羅斯停止了她自傷的行為，並決定戒菸戒酒。她發現儘管有些情緒還是很痛苦，但她現在已經能夠與自己的情緒連接。在後續的回溯治療中，她釋放了與父親四年性侵相關的其他記憶。經過幾次治療後，她的性生活得到改善，哮喘也消失了。

多重碎片化是一個更複雜的情況，每個碎片都可能與不同的創傷性事件有關。在這種情況下，治療師需要識別和處理每個碎片和其創傷記憶。處理今生或前世記憶碎片的策略，是先將碎片化的記憶帶入案主的意識覺察中，然後在轉化時將它和案主其他的身體動作整合到一起。

總結

處理身體記憶的工作會為慢性情結帶來最驚人的療癒。然而高水平的能量釋放，意味著需要治療師對案主具有高敏感度，並在他們完全同意的情況下進行。正如喬的創傷後壓力症所示，鎖定在體內的凍結能量可能需要多次療程逐步釋放和轉化，治療師應該跟隨能量的流動而行。有時，前世可以是通向今生童年創傷的一個切入口，如羅斯的案例所示，如果不先釋放掉一些能量，她會很難面對童年的痛苦。通常，今生的經歷會橋接到前世中情結的源頭，而釋放和轉化凍結的身體記憶是其中首要的任務，治療師可以讓案主回到創傷點並以不同的方式完結事件。從以上案例中還可以看到，治療師可以創造性地使用道具，讓受影響的身體部位完成一些動作並轉化身體的記憶。

解離和碎片化的發生常會伴隨一些暴力記憶，治療師需要帶案主回到事件發生之前的那一時刻，並進入到身體中去（具身化）。鼓勵身體動作可以幫助案主專注在自己的身體上，重點是讓身體「展示給我看」而不是「告訴我」。每個碎片的身體記憶，都需要通過將該意識帶入其相對應的身體部位，才能將記憶整合到整個身體之中。

9

侵入性能量

「萬物的本質都是虛幻而短暫的。
那些執著於有形現實的人是多麼可憐。
我的朋友，把你的注意力轉向內在吧。」
——紐修堪（Nyoshul Khenpo）。

在前面的章節中，我已經說明了靈魂在投胎之前可以如何分裂它們的能量，以及投胎這部分的能量可以如何成為地縛狀態。然而最終，這部分的靈魂能量將會返回靈界，與其餘的能量部分重聚。

背景

地縛狀態的靈魂能量會附著在今生活著的人身上嗎？精微體被設計用來保護個體免受自身以外的能量傷害，但當我們的保護能力下降時，各種能量就會以消極的想法和情緒的形式在我們當前的生活中累積。靈魂能量依附領域做過最多工作的先驅包括：威廉・鮑德溫（William Baldwin），著有《靈魂釋放療法》（Spirit Releasement Therapy）[1]，以及路易絲・愛爾蘭・弗雷（Louise Ireland-Frey），著有《釋放俘虜》（Freeing the Captives）[2]。他們的觀點認為，那些沒有遵循精神世界的正常道路回到靈界的靈魂能量，通常是因為它們帶有一些未解決的創傷記憶。這些靈魂能量會被那些具有類似問題的、活著的人們以精神共振的方式所吸引，這些類似的問題可能是一種特殊的慾望，例如暴力、痛苦、酗酒和吸毒等，也可能是一種特定的情緒，例如憤怒、沮喪或內疚等。有時這些靈魂也可能只是需要陪伴，於是會被宿主的同情心所吸引。當一個人的能量場被一些事件削弱後，比如生活中的創傷、事故、手術、過度飲酒或吸毒等，靈體就會附著在這個人被削弱的能量場上。威廉·鮑德溫的《靈體釋放療法》中就有一個例子：

> 傑瑞 40 多歲，在美國一個城市的消防部門工作。那天，有一名溺水人士從水中被救了出來，當時他是第一個到達湖邊碼頭的人。傑瑞對溺水者做了人工呼吸，但沒有成功，他很生氣。在這之後，傑瑞的舉止開始表現得與平時很不同。他跟隨屍體去了醫院，還試圖穿過急救室的門前往屍體被搬走的地方，他感受到有一種強大的衝動想要靠近屍體。他生活的其他方面也每況愈下。直到溺水男孩的靈魂從他身上被釋放出來之後，事情才變得明朗起來。原來他在救人失敗後，強烈消極的憤怒情緒將他正常的保護層打開了一條縫隙。

關於靈體依附的觀點是具有爭議性的。邁克爾·紐頓報告說在他 30 多年的研究中，從未有個案在靈性回溯過程中報告過靈體依附，無論它們是友善的還是惡意的。然而他的案主曾提到過，他人強烈的憤怒、憎恨和恐懼等情緒所產生的大量負面能量會被其他有負面思想的人所吸引。朵洛莉絲·侃南（Dolores Cannon）在《生死之間》（Between Death and Life）③一書中提到，有些案主報告說只有當宿主的能量場不平衡時才會發生靈體依附，還有一位案主報告說，所有可疑的靈體依附都只是被人們所吸引的負面能量而已。

在回溯治療的領域，先驅漢斯・天丹和羅傑・伍爾格兩人都在處理靈體依附方面有工作經驗。另外，來自英格蘭的退休精神病學家，靈體釋放基金會（Spirit Release Foundation）④的創始人艾倫・桑德森（Alan Sanderson）認為，許多精神健康問題都與靈體依附有關係。在其他的回溯治療師中，有的會採用邁克爾・紐頓的觀點，有的會更進一步地認為，這些現象是案主未解決創傷中的次人格與生動的幻想聯繫起來的結果。

我個人發現，有些案主內心世界的體驗似乎的確是他們所吸引的一些靈體，或者強大的消極思維，我將它們統稱為「侵入性能量」。通過這樣處理，清除的工作框架會變得很快，許多不良行為和情緒症狀都可以得到減少或消除。侵入性能量可能會在回溯治療之前或過程中出現，並需要在處理案主情結的過程中被清除。本章節不打算詳盡闡述這個課題，但會提供足夠的實際操作來應對常見的大多數形式的侵入性能量。如果需要更深入的信息，我會推薦前面提到過的威廉・鮑德溫或路易絲・愛爾蘭・弗雷的書，我選擇性地使用和改編了他們的技術。

檢測

對於熟悉運動機能學（Kinesiology）的治療師來說，他們可以使用肌肉測試技術來檢測侵入性能量。當出現讓能量系統有壓力的事物時，一個人肌肉會變弱。治療師可以在案主彎曲的手臂上輕輕按壓肌肉，並要求他阻抗這個壓力，然後說一些測試詞，如果測試詞給能量系統造成壓力，手臂就會下垂。

對於不熟悉運動機能學的治療師，他們可以使用前面章節中討論過的能量掃描。然而這裡的掃描意圖是要尋找不屬於案主的能量：

我現在要掃描任何不屬於你的能量。我的手會在你身體上方幾英寸的距離，從腳趾到頭部慢慢移動，閉上雙眼，專注於身體周圍的場域。告訴我身體哪一部位感覺到更輕、更重、或者有任何的不同。

在掃描過程中，治療師可以鼓勵案主專注於身體不同的部位：

我現在正在掃描腳部周圍的能量……小腿……膝蓋……（和其他身體部位）。

掃描可能需要重複兩到三次，因為每次掃描都會增強治療師和案主的敏感度。另一種技術叫做手指念動信號（Ideo Finger Signaling），它通過手指和案主的高維意識連接。這個方法可以在完成能量掃描或輕度出神狀態之後使用，步驟如下：

我想通過你的手指和你的高維意識溝通，讓你的意識轉移到幕後。

我想讓你的高維意識抬起左手的一隻手指來表示「是」。（等待一隻手指抬起）**很好。**

我想讓你的高維意識抬起左手的一隻手指來表示「否」。（等待一隻手指抬起）**很好。**

案主的回應通常會有所延遲，並且手指的移動會很輕微。如果不是這樣，有可能是意識頭腦參與了回應過程，治療師需要進一步加深案主的出神狀態。

侵入性能量的存在和數量都可以通過手指念動來檢測。為了避免案主產生不安，我會把侵入性能量稱為「不屬於案主的能量」。

可以提出以下問題，等待手指回應，然後再確認：

高維意識，是否有任何不屬於……（案主）**的能量？**

高維意識，有多於或等於兩個（或三個四個等）**不屬於……**（案主）**的能量嗎？**

從這些回答中，治療師可以確定是否有侵入性能量需要處理，及其數量。剛接觸這類工作的治療師，可能會更傾向於同時使用兩種技術來確定侵入性能量的存在和數量。這是很有幫助的，因為有時附著的靈體會干擾案主的手指念動給出錯誤的回應。

釋放附著的靈體

一旦檢測到能量，治療師就可以鼓勵它通過案主來說話。這裡用一位名叫莉娜的案例來說明。當莉娜敘說她的人生故事時，你很難不為她感到遺憾。她一出生就被母親遺棄，由祖母撫養長大，但祖母在她六歲時就去世了。在她在 16 歲懷孕時，當時的男友離開了她，她在無奈之下被迫墮胎。20 多歲的時候，交往多年的男友也離開了她。她經歷過抑鬱症的反覆發作，兩次試圖自殺，目前是一名職業舞蹈演員：

> 當莉娜接受能量掃描時，她發現腿部有一個區域感覺沉重，似乎這不是一個屬於她的能量。治療師利用手指念動證實了這是一個附著的靈體。當莉娜專注於這個部位時，她被鼓勵讓這個能量通過她交談，說出進入她腦海中的第一個想法，她突然說出：「維多利亞」。在接下來的對話中，我們得知維多利亞是一個七歲的女孩，身上穿著一條紅色連衣裙

和白絲帶，她被哥哥推下搖馬摔下來時頭部受傷而死。她很傷心沒有人注意到她。當維多利亞被莉娜吸引的時候，莉娜的情緒十分低落，正在臥室裡哭泣。維多利亞一直想要成為一名舞蹈演員，她說每當莉娜跳舞的時候，就會滿足自己跳舞的渴望。莉娜一開始並不願意讓維多利亞走，因為如果早年沒有墮胎的話，她可能已經有了自己的小女孩。當進一步提問維多利亞時，我很快發現她願意跟隨一個充滿愛心的靈魂保姆離開莉娜。當維多利亞被釋放之後，莉娜說感到她的離開讓她感到輕鬆多了。莉娜還解釋說，在她抑鬱症發生後的最近這幾個月中，她好幾次都覺得有人和她待在一起。我用能量掃描確認了莉娜的能量障礙已經在維多利亞被釋放之後得到清除，手指念動測試也證實了這一點。剩下的治療便集中在莉娜目前的生活問題上。

維多利亞具備了一個地縛靈體所有的特徵，她在莉娜抑鬱期間能量場減弱的時候附著在了莉娜身上。最後它得到了慈悲的對待，在幫助下回到了靈界。

有時，靈體會很鬆散地附著在案主的能量場上，並可以在指導靈的幫助下立即返回家中。這可以通過手指念動進行確認。

這些能量可以在不需要交談的情況下就釋放掉嗎?

在需要交談的情況下，我通常會從最強的那個能量開始。這可以通過能量掃描中案主的反饋或手指信號來確定，然後與其展開對話：

讓你的意識頭腦轉移到幕後去，我想讓你胸口（雙腿等）**的能量轉移到你的喉嚨來和我說話。**

你好，我的名字是……（治療師的名字）**你叫什麼名字？**

治療師輕柔的聲音對靈體來說威脅感會較小，有時也需要一些毅力才能問出靈體的名字。一旦靈體說出自己的名字，通常很快就可以找到更多關於它的信息，大多數的靈體似乎都很樂意與人交談。儘管能夠削弱靈體與案主連接的對話才是最有價值的，但治療師也還是可以收集如性別和年齡之類的信息。有些靈體可能沒有意識到他們自己已經死亡、或是待在別人的體內，比如曾經一個男性附靈驚訝地發現自己待在一個長著乳房的、年輕女孩的嬌小身體裡。可能的問題包括：

你知道你已經死了嗎？

你知道這不是你應有的身體嗎？

歷史或生平細節並不重要，重要的是要弄清楚靈體需要什麼才願意被釋放並回到光中，這才是核心的問題。它們可能會想與前世中的親人團聚，如果靈體是一個嬰兒的話，它可能會想要一位保姆。也有些靈體可能會想要找一個安全的地方，或者只是抽隻雪茄。治療師要讓靈體放心，無論它想要什麼，都能在光中體驗得到：

你死的時候，是什麼阻止你回到光中？

你那一生中有沒有愛過的人？你現在想見他們嗎？

你需要什麼才會回到光中？

找出當靈體附著案主的時候，案主的生活中發生了什麼也很重要。如果當時案主正在經歷一些情緒或創傷，這些情緒或創傷可能是一個「鉤子」，需要在後續的回溯治療中被「解開」和清除。

是什麼吸引你加入這個身體的?

當你加入…… (案主) **時，他的生活中發生了什麼?**

在靈體離開之前，可以進一步對話找出它對案主產生的影響。這些影響可能是低能量水平、特定的想法、情緒或行為改變等。

你有沒有對 (案主) **……投射了什麼想法** (等等) **?**

當靈體準備好離開時，可以要求案主幫忙用自己的雙手把它推出，這在釋放過程中會賦予案主力量。案主可能會描述有一些感覺，比如刺痛、變輕或有東西離開了他們等等。曾有一位案主說：「有個東西突然站起來離開我了。」對於其他剩下的靈體，治療師可以通過手指念動檢測來確認是否需要對話才能釋放，或者也可以請一位指導靈來立即清除。

清除負面的侵入性能量

我們所有人的腦海中都有想法，但是當它們變成一種奪命的聲音時，這表明可能有一個消極能量的靈體依附。為了說明這一點，我將用一位名叫喬的案例來說明，他是一個在德國生活和工作的尼日利亞人。兩年以來，他一直在腦海中聽到有一些聲音在對他說話，這些聲音叫他去做壞事。他一邊反抗著這些命令，一邊變得越來越痛苦，當它們說話時，他的內心會產生強烈的憤怒。他的妻子因為害怕已經離開了他，在接受治療時，他的狀態已經非常低落和疲憊。喬曾向醫生尋求幫助，精神科醫生給他開了一些治療幻覺的藥物，然而這些藥物並沒有什麼作用，喬變得越來越孤僻：

在這個案例中，和侵入性能量交談這個常用的技術被證明是不可能的。首先是語言上的障礙，因為喬的英語很有限，而且他非常心急，一直想要說明這個能量是如何影響他。於是治療師先用一個簡單的放鬆技巧，讓他很快地緩和下來，這樣就爭取到一些時間來掃描他的能量場。這個侵入性能量非常的強大，喬想讓它離開，但又覺得它不會心甘情願地走。當喬能越來越強烈地感覺到這個能量的時候，他開始焦慮，於是治療師大聲地說：「我呼請光之高靈來清除這個能量。」隨著光靈開始清除能量，喬漸漸感到安全。他被要求去想像一下這個負能量正在發生什麼，他說：「它被光包圍著，從我身上被拿走了。」接著喬的高我證實這個能量已經消失，身上再沒有其他侵入性能量了。喬的精微體得到了能量療癒，並且在治療結束後覺得非常平靜，他說感覺到胸口好像有一塊巨石被搬走了。

在喬的案例中，由於他的語言能力和激動的情緒，他根本無法進入一場對話。然而即使具備良好的語言能力，這種類型的侵入性能量通常也是很難處理的，漢斯·天丹（Hans TenDam）把它們稱為「痴迷者」（Obsessor）。不管這種技術是被描述為創造性的想像還是釋放負面靈體，這並不是那麼重要，重要的是那些聲音和情緒在喬治療結束後就停止了。在一個月後的電話隨訪中，喬說他已經完全地平靜了下來，並正努力挽回自己的婚姻。

案主在創傷、死亡、流產或手術之後可能會出現能量低落、改變行為的表現，這是侵入性能量的一個線索，另一個線索是當案主說「就好像有另一部分的我在說話」這句話時。侵入性能量也可能會在治療中間出現，這可以通過案主身體上的感覺來判斷，這個感覺好像會轉移位置，例如從肩膀跑到頭部，再到背部等。

負面靈體有時候可能會不願意進入光中或與治療師進行對話。這時候治療師可以要求他們將一束愛之光芒帶到內心。通常靈體會報告說這束光的大小和亮度在一直增加，直到他們自己被轉化後，就準備好離開案主了：

將一束純潔的愛之光芒帶到你的中心，開始發生什麼？

這類治療無法遵循任何一種設定的流程，它可能需要一些創意性的直覺。當附著的靈體被釋放到光中後，工作就算完成了。

喬的案例說明了，要求比案主更強大的能量來回答問題可能會是困難的。有的時候交流將被限制於手指信號，或者需要專門處理迷失靈魂的光靈們前來幫助。邁克爾・紐頓將這些光靈們稱為「迷失靈魂的救贖者」⑤，它們專門幫助地球上迷失的靈魂回到靈界。我個人總是會邀請一位指導靈來協助引導一個被釋放的靈魂回到靈界，這樣可以確保離開的能量不會再回來：

我呼請一位光靈來把這個能量帶回光中。

這裡我要感謝專門研究侵入性能量的回溯治療師戴・格里菲思（Di Griffiths）為我提供喬的案例。

有時，侵入性能量似乎是一種消極的思想形式：

你曾經有過人類的身體嗎？

如果回答是否定的，治療師還是可以繼續和負面能量進行對話。這類似於許多催眠治療師們所使用的與部分對話的技巧。如果負面能量回溯到最初加入案主的時候，通常會描述一些關於案主當時的情緒或者問題。我更傾向於使用回溯治療進行處理這些問題：

回到……（靈體）第一次加入你的時候，告訴我發生了什麼？

負面能量還有一種特殊的形式是詛咒，它由高度集中的思想所產生，而案主的恐懼會在很大程度上加劇其效果。由於在請咒之人、下咒之人及案主這三者之間存在著一種能量連接，他們之間可以進行類似於靈界相遇的直覺對話，這個過程會為案主提供一些新的洞察和理解。另外也可以請求指導靈來幫助消除這個能量連接。

所有侵入性能量的工作都需要確認是否已經清除所有被檢測到的能量。治療師可以通過能量掃描，或與高維意識連接的手指信號來確認這一點：

我想讓你的高維意識告訴我，是否所有不屬於……(案主)的能量都已經被清除了？

能量治療和解說

在治療的結尾，案主的能量場需要新的能量補充，並給予時間穩定。治療師可以使用靈氣（Reiki）、靈性治療或類似的能量通靈技術來幫助案主，再用手指念動來檢查其完成情況：

當你的能量場被治癒後，讓你的高維意識抬起「是」的手指。

或者也可以讓案主互動參與到這個過程中來。第一步，先設立好意圖，將來自宇宙的能量帶到他們能量場中任何需要療癒的部分。接下來，要求案主想像自己站在治療能量的瀑布下，讓能量流過他們的頭、肩膀等，最終流經整個身體。

在治療結束後，案主會想要和治療師討論所發生的事，也可能需要一些安撫。好萊塢恐怖電影和宗教驅魔已經對人們對靈體依附普遍看法造成了影響，有些案主可能會有一些恐懼。有時我會和案主說，他們只是作為主人接待了一些迷路的和不受歡迎的客人，並解釋說這些能量會在他們正常防禦能力下降時附著他們身上。打個比方，它們就好像我們身體上很多肉眼看不見的寄生蟲和細菌一樣，只有當它們造成了問題時才需要被處理。有時我也會將這種治療解釋為創意的想像，或與部分的對話，這是心理治療的一種形式。治療師可以和案主確認他們自已並沒有用意識控制手指的念動反應，這可以讓他們認識到，在治療開始時被檢測到的某些東西已經在結束時被清除了。沒有什麼能比案主的治療效果更重要了。

總結

侵入性能量是一個具有爭議性的話題，並且可能被一些人認為會削弱回溯治療的專業地位。就我個人而言，我會用它來幫助大多數的案主。侵入性能量的線索可以在與案主的面談中找到，比如像是毫無規律移動的感覺或障礙，也可以通過用能量掃描和與高維意識連接的手指念動信號來檢測。其中一個重要的步驟是要確認該能量是否需要通過對話才能被清除。如果在對話開始之後遇到了困難，治療師就需要堅持不懈地進行下去。

治療師提出的問題旨在削弱靈體對案主的依附，並找出靈體需要什麼才會離開案主。通常靈體所需要的只不過是一位來自前世的親人，或者對於一個兒童靈體來說，需要一位專門照顧兒童的光靈，這些親人或光靈可以和指導靈一起把靈體接回光中。在靈體離開前，治療師可以問問它在加入案主時，案主的生活中發生了什麼事情，找出任何的情感創傷或者「鉤子」，以便後續用回溯治療清除。

在治療結束後，為案主的氣場注入新能量是非常重要的。治療師也需要對案主解釋治療中所發生的事情。真相的深度並不重要，重要的是它聽起來要合乎邏輯。隨著侵入性能量的消失，許多案主的症狀都會減輕，而且之前造成進入催眠或前世的障礙通常也會消失。

10

整合

「當心靈平靜時，世界也會平靜下來。
沒有什麼是真實的，也沒有什麼是不存在的。
不執著於實有，不被困於虛空。
你既不是聖人也不是智者，
只是一個完成工作的普通人。」
——龐居士，8 世紀中國禪宗大師。

經歷前世或今生的記憶能使人們理解自己問題形成的原因，靈界的相遇會帶給人們新的認識，並釋放和轉化情結的凍結能量。在這之後，案主需要將這些經驗完全融入當前的生活中去，才算完成整個治療的過程。

整合前世回溯

一個最簡單的將前世融入今生的方法，是尋找兩世之間的相關模式。我用一位名叫珍妮的案例來說明這一點。當珍妮在描述尋求治療的原因時，她的面部表情很緊張：「我覺得有些難以啟齒，這是關於我和伴侶關係中和身體有關的問題。」儘管她接受了數年的心理諮詢和其他治療，但是問題仍然存在：

珍妮回溯到了一個七歲女孩的前世，她在一個大房子裡當女傭。有一次，女孩把一個一直想要偷走的瓷雕像掉到地板上摔碎了，她拼命地想把地上的碎片撿起來。這時珍妮開始發出哽咽的聲音，她說：「我的喉嚨，我被人勒死了。」小女孩被很快地帶過死亡，她臨終前的想法是：「我已經很努力了，是我不夠好。」

小女孩被要求回顧那一生中的重要事件。她不知道什麼原因被父母送到那座大房子裡工作，到達之後，她被帶到主人和他一家人面前。她注意到主人十幾歲的兒子正在上下打量著她，臉上還帶著邪惡的譏笑。所有的傭人都知道他脾氣暴躁，所以她也儘量避開他。後來，她偷了一個珍貴的瓷雕像，把它藏在自己裙子裡。不幸的是，主人的兒子剛好在她經過時抓住了她的胳膊，瓷雕像掉在地上被摔得粉碎。當她彎下腰試圖撿起碎片時，他用自己的身體壓住她，她能聽到他憤怒單調的聲音。接著，主人的兒子用隨身攜帶的皮帶將女孩活活勒死了。

在靈界，小女孩與父母親的靈魂團聚，對話之後知道了她被送到大房子工作的原因。雖然父母很愛她，但是他們並沒有多少錢和食物，只好在別無選擇的情況下把她送走。當珍妮意識到這一點之後，看上去放鬆多了，她對自己說：「我是足夠好的。」當小女孩見到勒死她的主人兒子時，她想給他看看瓷雕像並沒有碎。在一個道具的幫助下，她情緒激動地把瓷雕像還給主人兒子：「它沒有摔碎，請你照看好它。」然後她笑了：「不要因為它去殺害別人。」

在身體掃描後，珍妮報告說頭部一側仍有緊張的感覺。我將她回溯到緊張感開始的那個時刻，也就是當她試圖撿起瓷雕像碎片的時候。憑著直覺，珍妮說道：「我不需要那麼緊張慌亂，那些碎片就放在那裡也沒關係。」當我問她小女孩瘋狂拼湊碎片這一點與她今生之間是否有某種模式時，她的眼中流下了淚水。我遞給她一張紙巾，她說：「我現在正在努力解決和丈夫性生活的問題，但是我做不到。」當我問她小女孩可以如何釋放頭部壓力時，珍妮說：「別再為難自己了。」突然，她笑了：「我沒必要再為難自己了，我已經足夠好了。」我把這句話作為一肯定句，讓她帶回今世的生活中。

治療兩週以後，珍妮給我發送了以下電子郵件：

「總的來說，我在這段親密關係中感覺輕鬆多了。我以前總是覺得很反感，但是這種感覺現在已經完全消失了，我對生活中的事物笑得更多了。我相信（治療中的）瓷雕像就象徵著這段親密關係，我曾覺得是我破壞了這段關係，而且永遠也無法修復，但是現在我放心了，所有疑慮都消除了。使用「我足夠好」這句肯定句是非常有力的，每當我遇到問題或感到沮喪時，我就會用這句肯定句讓自己放鬆下來。我越來越少地感覺到自己像是個快被悶死的孩子，更多地覺得自己是一個有能力的人，可以去做任何事，也足夠地好。我無法用言語表達我永遠的感激之情。」

對於珍妮來說，前世與今生之間的模式是認為自己不夠好的這個想法。對於其他案主來說，這個模式也可能會是一種情緒、身體感覺或人際關係問題等，甚至是認出一個人：

你能認出那一世有什麼模式出現在今生嗎?

你能認出前世有什麼人出現在今生嗎?

在超常意識狀態下，案主可能會停頓一段時間才會出現直覺的洞見。如果案主忽略了某個模式，治療師可以這樣建議：「前世和今生的背痛之間有什麼模式嗎？」通過探究性的問題來激發案主的自我發現，會比直接提供治療師的觀點或意見更有效。

當案主的症狀帶有消極的強迫性思想時，我會和他們一起商定一句肯定句讓他們帶回生活中去。肯定句的重點是把臨死前的想法或執著創造成一句積極的陳述句。有時它也可以是一句來自指導靈的建議。在珍妮的案例中，她臨死前的想法「我已經很努力了，是我不夠好」被改編成了一句肯定句「我足夠好」。使用肯定句可以抗衡從前世「滲入」到今生的消極思想。

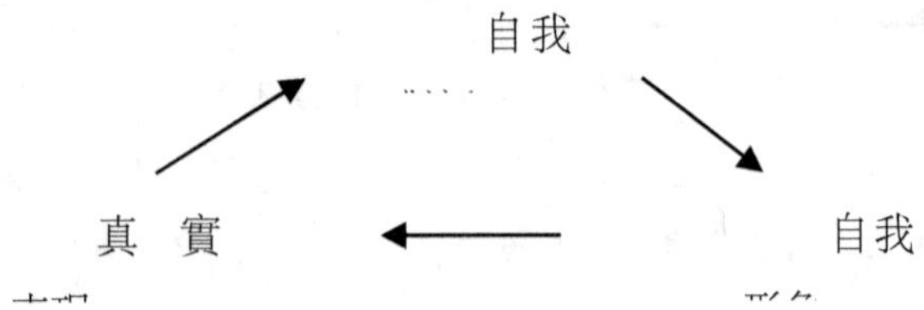

如果在回溯過程中清除了與強迫性思想相關的負荷，會更容易形成一個強化積極自我對話的循環。

這句肯定句必須要用現在時態的措辭來表達，並且必須是積極的、具有想像力或情感的，不是理性的。例如「當我勇敢地面對男性時，我會變得很強大」或者「我可以自由地掌握自己的命運」等。案主可以定期重複這些肯定句，也可以將它寫在一張卡片上，放在顯眼的地方來提醒自己。

在進行兩世之間靈性回溯之後，治療師可以總結一下事件的順序，例如前世回顧和靈魂團體的會面，並在內容方面提出一些探究性的問題：

關於這個部分，你還記得哪些關鍵的內容？它以什麼方式對你有所幫助？

我會建議案主等待幾個星期之後再回聽錄音，由於其中包含了大量的信息，所以每次聽完他們都有可能獲得更多的洞見。在花一些時間思考之後，我還會要求他們總結一下這些信息是如何幫助他們的，並通過電子郵件或郵寄的方式寄給我，以協助整合的過程。

整合回溯治療

在回溯治療中，時間線被延伸到涵蓋前世今生中所有與案主問題有關的重要事件，所有這些事件都需要被帶進案主的意識覺察之中，並通過一次或多次治療進行轉化。我用一位名叫簡的案例來說明這一點。簡 32 歲，是兩個男孩和一個女孩的母親，目前和男友住在一起，是一名夜班護士。兩年前與丈夫分居後，簡變得輕度抑鬱。在當時的婚姻關係中時，她長期處於受虐的狀態，儘管丈夫脾氣很壞，但她卻也一直保持著這段關係。現在，因為擔心現任男友會離開她，她已經看過各種治療師，也知道自己的問題，但發現自己很難付諸於行動。最近她每天都有兩到三次的驚恐發作，並伴有胃部痙攣和疼痛。她休了病假，醫生建議將藥量加倍，但她想嘗試一種不同的方法：

一談到前天晚上最後一次驚恐發作時，簡的肚子就開始痙攣起來，當她被要求專注在這種感覺上時，她的脖子和下巴開始繃緊，最後整個身體都在顫抖。在痙攣的強度減弱之後，她被要求回想起和這些感覺有關的一個畫面。她提到十年前一次剖腹產手術的回憶，當時，她的肚子在局部麻醉的情況下被切開，她很害怕孩子會死，卻又無法移動身體。簡被回溯到記憶中去，被鼓勵向前彎起腰，想像看著自己健康的孩子。

當簡繼續將注意力集中在胃部殘餘的緊張感中時，她回溯到了今生更早期的一段記憶。當時她五歲，正坐在假日觀光的小木船上。突然起了一陣狂風，水開始從她那一邊的船舷湧進來。由於父親坐在船的另一頭，以為快要死了的她，哭著緊緊抓住離她最近的一個男人的腿。當父親看到女兒抱著一個陌生人的腿時笑了起來，這讓事情變得更糟糕了。不幸的是，父親並沒有意識到女兒正在經歷一件創傷性的事件。簡被要求用她的身體展示當時發生的事情，她調整姿勢，坐直身體，手裡緊緊抓住一個抱枕，然後整個身體開始顫抖，呼吸也變得淺而急促。在解決完這個問題之後，她被允許改變任何她想要改變的細節。於是在再次回溯時，她對著父親喊道：「我需要你，你沒有權力這樣嘲笑我。」經過進一步的轉化和回溯，簡在回憶起這段記憶時，已經不會再經歷驚恐發作。

這次治療的主要重點是處理簡的早期生活中兩次創傷性事件的身體記憶。在這種類型的治療中，案主會出現高強度的情緒釋放，所以治療師需要小心考量和計劃他們在一次療程中所能承受的強度。一週之後，簡回來接受第二次治療，她報告說驚恐發作和痙攣的頻率和強度都有所降低，她想再進一步處理痙攣的問題：

當簡談到最近這一次的驚恐發作時，她的胃開始顫抖。她被要求專注於自己胃部的感覺，然後回到這些感覺第一次出現的時刻。她的整個身體開始發抖，喘著氣說：「所有的空氣都在流逝，我被擠壓著，哦！我的肚子。有一群土著正向我逼近，其中一個拿著一把刀，我能感覺到他的身體。噢！那刀子刺進了我的肚子。」她被快速地帶過死亡。

接下來，簡更詳細地回顧了這個前世。她曾是維多利亞時代的一名孕婦，在一艘帆船上經歷了暴風雨後，被沖到了海裡，差點淹死，但最後還是游到了岸邊。她發現自己身在海灘上，周圍是一群土著婦女和孩子。她得到了她們的照顧，並生下了一對雙胞胎男孩。過了一段時間後，有一次當她自己一個人走路時，被一群土著男人包圍了。她背靠在一棵樹上，遭到其中一個男人的襲擊，最後被刺傷了腹部。她咽下最後一口氣，回憶起自己離開了身體，漂浮著，遠遠地向下看著她的身體。她臨終前的想法是她再也見不到孩子們了。

她被回溯到感覺被刺痛之前的那一刻， 並被鼓勵以任何自己想要的方式改變它。在道具抱枕的幫助下，她通過推開治療師雙手的按壓，體驗將土著推開並把刀子拔出的過程。簡嘆了口氣，報告說她肚子裡的疼痛已經消失了，她感到很平靜。

在靈界，這位維多利亞時代的女人被邀請與她的孩子們見面，並瞭解他們發生了什麼。她驚訝地說：「他們為我發生的事感到難過。」在一個抱枕的幫助下，她與孩子們再次擁抱和團聚。接下來她要與殺死她的那名土著見面，在孩子們的陪伴和支持下，她發現這個土著在村子裡有依靠他生活的妻子和孩子。他對她感到很抱歉，並請求她的原諒。在經過更廣泛的理解後，她現在已經準備好去寬恕他了。儘管這次治療的很緊張，但簡對自己所經歷的釋放感到非常欣慰。

探索和喚醒這些不同的記憶就像剝洋蔥皮一樣，治療師通過跟隨著能量，不同層次的記憶會逐一浮現，直到與情結有關的凍結記憶出現，並被釋放和轉化為止。這次治療的重要部分是幫助簡在前世找到理解和寬恕。許多人常常會發現，先在前世中找到寬恕會更容易幫助自己在今生準備好做到原諒。接下來是簡第三次治療的內容，在討論了上一次的前世之後，她回溯到今生的記憶，在這些回憶中她同樣也是一位受害者：

> 簡先是講述了受到男友和前夫虐待的回憶，然後她被要求想像與前夫的靈魂見面，說出她當時無法說出的話。沉默了一會兒後，她說：「我真是受不了你的脾氣，這對孩子們來說很不合適。」治療師問前夫的答覆，他說他發脾氣是因為工作壓力的關係，而且他同樣也受不了簡的脾氣。治療師提醒簡她是如何在前世中找到寬恕的，這一點幫助她下定了決心。在抱枕的幫助下，簡給了前夫一個深情的擁抱。她與男朋友之間也經歷了類似的過程。簡現在已經準備好去面對男朋友，哪怕最後他要選擇離開她，這對她來說是勇敢的新一步。

通常情況下，僅僅是理解前世和今生之間的模式就已經足以整合治療。但是，如果來自今世生活的情緒負荷仍然存在，它們仍需要被釋放並找到解決的辦法，這可以通過一次或多次治療來完成。在簡的第一次治療中，她解決了與他父親的問題，然後在第三次治療中，解決了前夫和現任男友的問題。我已經在前面說明，附著的情緒能量和前世的角色之間會存在一種直覺連接，在超常意識的狀態下，對話可以通過這個直覺的連接發生。同樣的原理也適用於今生與他人有聯結的情緒能量：

讓自己連接…… （今世的人） **的靈魂，你有什麼曾經想對他們說卻沒有說的話？**

他們對你說什麼？

這些會面中變革性的對話會給案主帶來新洞見和寬恕，利用這些新的靈性洞見再次經歷今生記憶並達成轉化，叫做重新框架（Reframing）：

帶著你的新品質（靈性洞見或力量動物）**回到……的時候**（就在事件開始之前的時刻），**用任何對你有幫助的方式重新體驗這段回憶。**

檢驗未來（Future Pacing）是整合前世回溯或者今生回溯的一個強大方法，它能讓案主看到自己在未來已經實現了他們的目標。當案主互動地參與到檢驗未來這個過程中時會發揮出最好的效果。案主會憑自己的直覺或有意識地提供信息。

前往治療結束後的六個月，找到你自己，然後回顧過去這六個月發生的事情，用你新的靈性洞見來瞭解自己的變化。

告訴我這六個月以來你的社交生活發生了什麼。（或者工作生活和人際關係）

穩定能量和接地

通常當能量障礙被釋放或者靈體被清除之後，回溯治療會對案主的能量系統產生重大的影響，並且可能需要幾天的時間才能安定下來。這表明療癒的過程正在進行中，治療師可以告知案主這一點，以免他們感到驚訝。

在回溯治療結束後為了幫助平衡能量場，許多治療師會在案主離開之前花幾分鐘的時間將能量引導至他們的能量場，這可以通過靈氣療法（Reiki）、觸感療法（Touch Therapy）、靈性療法或類似的能量治療來快速完成。一些回溯治療師認為不需要從外界向案主輸入能量，最好是讓案主自己來完成這個過程。我認為兩種方法都有其優點，我個人只會在直覺受到吸引的時候為案主短時間地傳導能量。另外，沐浴也可以幫助淨化能量場。我還會建議案主在接下來的 24 小時內要溫柔地對待自己，避免任何情緒化的情況。

在結束靈性回溯的深層催眠之後，需要給予時間讓案主回到完全清醒的狀態，血液循環也恢復正常。治療師可以從 10 數到 1，鼓勵身體不同部位做動作，這會比要求案主快速坐直身體要溫和得多。

即使沒有催眠，超常意識狀態也會自然而然地出現，這種狀態是專注於內心世界體驗過程中的一部分。重要的是在離開治療師之前，案主必須完全接地（Grounded）並完全紮根在自己身體裡。如果注意力不能集中，一些活動例如開車可能會很危險。在治療結束後，案主可以坐直身體，與治療師花 10 分鐘的時間討論的同時接地。其他的接地活動還包括喝水和散步等。

其他整合活動

有一個強大的方法可以幫助整合回溯治療中關於童年創傷的信息，就是讓內在小孩給長大後的自己寫一封信。下面這封信來自一名叫索尼婭的案主，她描述了自己從小就反覆出現的問題。信中措詞精美，相信她一定花了很長的時間來撰寫：

> 我從小是一個漂亮的孩子，如此的無憂無慮和快樂，在一個充滿愛和快樂的家庭中長大。大約從 10 歲開始，惡魔用它的陰謀詭計把我變得再也不一樣了。「這是我們的小秘密。」他說：「他們不會理解的。你是我的特別女孩，我愛你。」當我感覺到他的手時，感覺有點不對勁，但卻又無法阻止。我被訓練過著充滿秘密、謊言和恥辱的生活。13 歲，

一個假裝快樂的年紀，為了保護自己，我屏蔽了童年的記憶。「你真美，」他說：「不要告訴任何人。」那是一對不一樣的手，但是同樣的秘密、謊言和恥辱。18 歲，漂亮但卻缺乏自尊，懷孕也意外發生了。我還能期待什麼，當然不是墮胎，但我還是順從了媽媽的意願。她決心不讓我像她那樣毀了自己的生活。再後來，長大了，戀愛了，但，那男人也有一雙手。我被毆打和強姦，相信沒有人會理解我。在經過了身體、情感和精神上的折磨之後，我接受了心理評估。他們說，這是一種神經衰弱，還有抑鬱症、自殺念頭、以及那麼多的憤怒和痛苦。雖然還有很多其他的感受需要處理，但是現在已經不再有秘密、謊言或恥辱了。

文字具有強大而動人的效果。如果療癒仍未完成，而且案主本身是一名受害者，那麼案主可能會因為這段記憶過於痛苦而無法面對施害者，而寫作可以提供某種程度的解離來幫助整合。彭妮・帕克斯（Penny Parks）①將一生都致力於治療童年期遭受性虐待的成年人，她在自己重要的著作《拯救內在小孩》（Rescuing the Inner Child）一書中，指出了通過繪畫和寫信來描述痛苦經歷並整合內在小孩的重要性。

在兒童虐待的受害者中，許多案主的成長過程都被一種巨大的自我厭惡所影響，許多人發現自己很難建立一段成熟和相互信任的性關係。正如前一章羅斯的案例中所討論的那樣，在面對這些痛苦的童年記憶之前，前世往往可以作為一扇後門。

回溯療程之間的一些活動可以繼續整個整合的過程，並在療癒過程中提供自我賦權。比如讓案主記錄每個前世，並在接下來的幾天或幾週內添加更多的見解。對於有解離症狀的案主，治療師可以鼓勵他們去做一些體育活動，例如騎馬、擊劍、足球，或者任何能將意識與身體聯繫在一起的運動。對於無法表達凍結尖叫的案主，治療師可以要求他們參加一些涉及喊叫的活動，比如和孩子們一起玩過山車等。對於不能體驗情緒的案主，治療師可以要求他們接受能量治療或者順勢療法治療。

在每次治療開始前，治療師可以回顧一下案主的整合活動，也可以提問案主相關的症狀是否得到減輕，獲得對上一次治療結果的反饋。儘管一次治療已經可以取得顯著的進展，但治療師最好在開始時計劃三次左右的療程，對於更複雜的情結，最好計劃五次。

總結

在回溯之後，這些體驗需要被完完全全地整合到案主當前的生活中，才算完成整個治療的過程。理解前世和今生之間的模式通常來說就已經足夠了，這些模式可能是被遺棄、孤獨感、受害者角色、或者反覆出現的情緒和身體的症狀等，也可能是出現在今生的前世人物。對於單次治療的案主，治療師需要通過電話或電子郵件來取得反饋，也可以提出探究性的問題來幫助案主繼續整合。

對於多數情結來說，回溯過程需要同時涵蓋今生和前世的記憶。通常，前世可以作為一扇後門，讓案主在治癒部分痛苦之後再面對今生。接下來，治療師就可以像處理前世重要事件那樣去處理今生的痛苦記憶，並讓案主與當中涉及的人物直覺見面。在超常意識狀態下，這些見面會帶給案主新的洞見和完結。其他整合的方法還包括肯定、重新框架記憶和檢驗未來。

11

面談

「每個人都知道我們有情結，
但是人們忘記了，是情結擁有我們。」
——卡爾·榮格。

有一天我接了一個電話，以下是談話內容的摘錄：

「您能給我兒子做一次前世回溯嗎？好吧……是女兒，如果接下去他要進行變性手術的話。他現在正在服用激素進行藥物治療，而且已經把名字改成了瑪麗。我已經沒辦法了，他不肯跟任何人談論這件事，而且他幾個月後就要去荷蘭做手術了。」

「他……她……想要做前世回溯嗎？」

「是的，但他不願意和其他任何的治療師說話。當您見到他時，能告訴他手術的危險嗎？」

「您能替他打這個電話，真是太好了。我可以為他做前世回溯，但前提是他要自己想做。通常，我總是會和案主直接交談來收集歷史信息，對於他們的問題，我們也會共同協商所要達成的改變。我和他之間所有的信息都將是保密的，如果他不想討論變性手術的問題，那麼我也將會尊重他的意見。」

> 不久之後他來見我，身上穿著一條裙子。從裙子下乳房突出的形狀以及他女性化的聲音來看，激素藥物的效果是顯而易見的。我們說好了，這次的治療是前世回溯，我會叫他瑪麗。他回溯到了一個女孩的前世，但她的父母非常想要一個男孩。因為錯誤的「性別」，她短暫的一生很不快樂，最後遭到當地村民的斧頭襲擊，因失血導致死亡。在治療結束後，我給瑪麗提供了一位本地諮詢師的名字，這位諮詢師親身經歷過變性手術，並專門在這一領域提供服務。

我從此再沒聽說過瑪麗的消息，但是計劃中的荷蘭變性手術和前世被砍死之間的模式，一定讓他有了一些值得思考的東西。

融洽的治療關係

以上摘錄討論了在面談中建立融洽的治療關係（Rapport）並在治療期間維持這種融洽關係的重要性，這是回溯治療與其他心理治療的一個共同點[①]。在融洽的治療關係建立起來之後，案主才會披露一些痛苦、尷尬或威脅性的信息。一段保密和信任的關係，以及非批判性的取向在治療中是必不可少的。在一些敏感性創傷的情況下，比如性虐待，治療師可能需要在案主準備好回溯治療之前，先在第一次治療中與案主建立起融洽的治療關係，以及提供一些諮詢。

美國精神科醫生米爾頓·埃里克森（Milton Erickson）的工作對現代催眠治療的建立起了重要作用。以下摘錄總結自他的《米爾頓·艾瑞克森合集》（The Collected Papers of Milton Erickson）[②]，很好地說明了他是如何與精神病患者建立起一段融洽的治療關係：

> 馬薩諸塞州伍斯特州立醫院的一名患者要求把自己鎖在房間裡。他焦急又恐懼地把繩子纏繞在房間窗戶的鐵欄桿上，覺得他的敵人會進來殺了他，而這些窗戶是敵人唯一的入口。他認為這些粗粗的鐵欄桿太不結實了，所以要用繩子加固它們。在我走進房間後，也幫他用繩子加固了鐵欄桿。當我在綁鐵欄桿的時候，發現地板上也有一些裂縫，於是建議他拿報紙把它們填滿，這樣他的敵人就不可能從裂縫中進來抓到他。然後我還注意到門周圍的裂縫也應該要塞滿報紙，慢慢地，我讓他開始意識到這個房間只是所有病房中的一間，並接受了醫院的值班人員也是他防線內的一部分，還有馬薩諸塞州精神衛生局的董事會，然後是警察系統，還有州長。我繼續將這個範圍擴大到毗鄰的州，最後把整個美國都變成他防禦系統的一部分。這最終讓他打開了那扇上鎖的門，因為他已經擁有了無數層的防線。我並沒有試圖去糾正那個敵人會殺了他的精神病思想，只是指出他有無窮無盡的守衛者。最終的結果是這位患者接受了醫院給他的特權，願意在醫院範圍內安全地散步。他瘋狂的舉動已經停止，不再是一個大問題的病患。

通過不批判的取向和尊重對方的內心世界，艾瑞克森向我們展示了在轉化案主的問題之前可以如何快速地獲得案主的信任。在這個案例中，患者的轉化是在他理解能力範圍內緩慢進行的。傳統上來說，當案主對治療沒有回應時，會被認為是一種阻抗（Resistance）。但在回溯治療中是不需要阻抗這個概念的，因為任何被帶入治療中的東西都會被視為整體問題的一部分。

賓夕法尼亞大學的一項研究表明，我們在交流中接收的訊息有55%來自身體，38%來自聲音，而只有 7%是來自語言。所以，當一個人有意識地專注於交談中的詞語時，有 93%的交流是在潛意識中完成的。鏡像模仿是一種幫助潛意識交流的技術，通過身體鏡像，一個人可以與他人保持眼神交流，以及姿勢和動作的一致。有時，身體動作可能不能立即做到匹配，比如手勢的變化或者手臂突然交叉等，那就可以等到自己說話的時候再去模仿對方的身體姿勢，就不會顯得很明顯。治療師也可以使用案主說過的短語和字詞，並配合他們的語調、節奏和音量。融洽的治療關係是要變得更像對方，並和他們保持一致。

瞭解案主對死亡的觀點和信念對治療師來說也是有很用的。對於持唯物主義觀點的案主來說，前世回溯可以被解釋為用創造性的想像和類似於前世的想像故事來治癒潛意識記憶中的問題。對於那些更具有靈性信仰的人來說，前世回溯可以被描述為治癒前世中問題的根源。絕對的事實並不重要，重要的是案主認為它是連貫且合乎邏輯的。對於那些分析型的案主，治療師可以提醒他們，前世回溯就和看電影一樣，不需要在中途停下來分析。

治療師還可以通過類似的案例，向案主說明回溯治療可以如何幫助解決他們出現的症狀。治療師對於良好結果的信心會為治療本身奠定堅實的基礎。

治療目標和可測量症狀

在第一次面談中，治療師可以和案主確定治療的目標。另外，在使用回溯治療時，治療師也需要收集與治療目標相關的症狀，包括侵入性思維、負面情緒和無法解釋的疼痛等。許多學生常見的一個失誤是收集的症狀很模糊，例如「我很生氣」等。可以向案主進一步提問來確定這個憤怒發生的頻率，例如「在過去三年裡，每天都要發怒兩次」。刻度尺可以用來確定症狀的強度，比如用 10 代表案主經歷過的最強烈的憤怒，1 代表沒有憤怒，這會為治療師提供一些額外的信息，例如在過去幾個月和特定的情況下案主出現過 7 級憤怒。有了可測量症狀的「強度」和「頻率」，治療師和案主可以在症狀減輕後評估治療的有效性。

界限和病史收集

當案主所處理的問題是作為一名受害者時，治療師需要先與案主建立安全的關係，才能進行任何形式的身體接觸。在回溯治療中，身體治療可能會涉及到一些通過道具（比如抱枕）進行的身體接觸，因此需要徵得案主的同意。治療師可以在面談中用一個簡單的例子向案主說明這個情況，也可以在治療過程中在需要時請求許可，例如「我現在要請你推開我的手來幫助釋放」。如果出於專業目的需要錄音，也需要徵求案主的同意。

對於剛接觸這類治療的案主來說，期望設定是非常重要的。包括向案主說明催眠、前世回溯或兩世之間回溯是什麼樣的體驗，解釋深層情緒可能會在治療過程中浮出水層，並討論治療的時長和次數。

病史記錄的一個重要部分包括檢查以往的治療經驗、心理健康問題、身體疾病以及任何損傷，比如耳聾和高血壓等。這些信息可以幫助篩選出不適合使用回溯治療的患者。

回溯治療應避免的情結

新接觸回溯治療工作的治療師會發現，他們會吸引的個案往往不會太過複雜，或者已經由其他治療師處理過很多問題。新手治療師會隨著工作經驗的累積逐漸提高自己處理困難問題的能力。許多比如像強迫症之類的情結，需要治療師具有處理嚴重心理健康問題以及整合其他心理治療方法的經驗。

然而，有些案主的問題應避免使用回溯治療，包括無法清晰理性地思考或妄想症。還有當體重低於臨界值以下的厭食症患者，因為缺乏食物蛋白質，他們無法產生正常大腦活動所需的荷爾蒙。以及處於嚴重階段的抑鬱症，其症狀包括活動水平降低、睡眠過度、持續疲倦、無法集中注意力、以及無法工作等。另一項禁忌症是躁鬱症（Bipolar Disorder），它會交替出現重度抑鬱期和思緒奔湧的躁狂期，患者的注意力容易分散並減少睡眠需求。

治療師也需要謹慎處理有思覺失調（Schizophrenic）傾向的案主，他們可能會過度認同和解讀前世記憶中的片段，而不是將其融入自己的心靈中。

其他禁忌症還包括娛樂性用藥或高劑量的藥物治療，特別是高水平的「抗抑鬱」藥和「抗焦慮」藥，這些藥物在劑量水平超過 50 毫克的時候往往會使人難以集中專注力和維持記憶。這會影響案主與高我的連接能力，使前世回憶和靈界的工作變得困難。

如果涉及到宣洩部分的工作，還應避免心臟問題或癲癇發作等醫療狀況，不建議這些案主經歷較高的情緒水平。治療師也要小心照顧懷孕的婦女，胎兒可能會將母親的情緒經歷誤認為是自己的經驗。

如果案主的年紀在 16 歲*以下，則必須得到父母的書面同意。

---

* 譯者注：不同國家地區界定未成年人的法定年齡有所不同，治療師需查閱本國家和地區的法律規定。

精神科藥物的副作用

精神科藥物的作用是打破抑鬱症或精神病加深的惡性循環。但是在可以使用心理治療的情況下，這些藥物並不是一個長期的解決方案，它們的副作用是驚人的。在醫生們廣為使用的藥物手冊《精神藥物速覽》（Psychotropic Drugs Fast Facts）一書中，杰羅德·麥克斯（Jerrold Maxmen）[3]匯總了有關精神科藥物的現有研究數據。其中一些數據表明精神科藥物的一些副作用包括混亂、迷失方向、幻覺、輕度躁狂等，甚至會增加本應減少的焦慮和抑鬱水平。

當患者停止服用精神科藥物時，通常會產生不愉快的副作用，焦慮和抑鬱的原始症狀也可能會在短時間內加劇。因此，醫生通常會建議藥房採用 10%的撤藥方法[4]，以十個階段，每次分別減少約10%的藥量進行，最後一個階段有時還會被分成幾個更小的步驟。每個階段的持續時間取決於上一階段的藥物水平和服用時間，當患者判斷上一階段停藥的副作用減少時，就可以進入到下一階段。雖然這個過程減少了一些副作用的症狀，但治療師需要認識到，戒斷期間抑鬱或焦慮的原始症狀可能會很麻煩。當然，案主需要與醫生討論並一致同意更改藥量水平的決定。

虛假記憶

從下面的摘錄中可以看到，一名治療師可以多麼容易地被指控誘導虛假記憶：

> 2003 年 9 月，一名著名的兒童精神科醫生被指控對一位 13 歲的女孩植入有關性虐待的錯誤記憶。英國總醫務委員會審查了針對他不當專業行為的指控。這名女孩在寄宿學校停止進食並服用過量的抗抑鬱藥後被轉介給這位精神科醫生。

> 在此之前，她的父母因為擔心她生長速度不夠，一直帶她看骨科專家。在其中的一次治療中，這位骨科專家對女孩的乳房進行了目視檢查。兒童精神科醫生聲稱，女孩告訴他，骨科專家撫摸了她的乳房。但是後來發現，女孩的父母在所有的會診中都在場，並沒有看到過這樣的事情發生。

在一些國家，尤其是美國，虛假記憶的指控會導致治療師被起訴。雖然這很難證明治療師就要為此採取保護措施，但因為回溯過程中的身體治療會難免發生一些身體接觸，所以為了避免被指控違反行業準則行為，建議治療師對每次治療都要進行錄音。數碼錄音技術的出現讓治療師能夠方便地做到這一點，一個價格便宜的數碼錄音器就已經可以連續錄製多個小時。這些錄音器可以屏蔽噪音，即使是輕聲說話也可以準確記錄。所以，治療師更要謹慎提問，注意不要使用誘導性的陳述句，特別是當回溯過程中出現虐待的信息時。

總結

在面談中，治療師可以決定案主是否適合進行回溯治療或靈性回溯。禁忌症包括案主無法清晰理性地思考或有妄想症，這可能是由他們的情結造成或由娛樂性和醫療性藥物引起的，治療師需要仔細檢查案主的醫療史和心理健康史。對每次治療錄音可以防止治療師受到植入虛假記憶或違反行業準則行為的指控。建立融洽的治療關係從面談開始，並且需要在治療中維持，包括與案主討論和同意在治療中會發生的事項，以及設定期望。保密信任的關係以及非批判性的取向對於治療來說至關重要。在回溯治療中，治療師需要記錄與治療目標有關的可測量的干擾性思維、負面情緒和無法解釋的疼痛症狀，包括它們的強度和頻率，並確保案主的進度得到監控。

12

結論

「沒有錯誤，沒有巧合，
所有的事情都是我們可以學習的祝福。」
——伊麗莎白・庫伯勒－羅斯。

伊恩・史蒂文森和他同事們的工作，為孩子們的前世經歷以及瀕死經驗積累了越來越多的客觀證據，除非通過前世這個現實，否則很難解釋得通。西方科學對此也無法解釋，只有古代智慧，以及古代智慧中靈魂通過輪迴和業力成長的原理為此提供了理論。邁克爾・紐頓的廣泛研究和我自己關於兩世之間靈魂記憶的案例研究也已經證實了這一點。有時，案主可能只會出現似乎是前世的記憶碎片，比如在被父親性侵的羅斯案例中，她回溯到了一名戰場上士兵的前世，被一幢建築物掉落的碎石所困。當她回憶起壓在自己腿上的重力時，就開啟了一個療癒的過程，同時又避免了直接去面對痛苦的童年記憶。羅斯的心靈得到完全的許可，跟隨共鳴和聯想進入前世再回到今生，並最終到達解決問題的彼岸，減輕了症狀。在這類治療中，治療本身的療癒力量要比尋找前世的真相更為重要。

有一些關於回溯治療的說法似乎有些誇張，它們宣稱回溯治療是「最好的心理治療」，極少會在其他治療方法失敗的領域失敗，同時它將所有心理治療的關鍵學科和超個人經驗整合到一個完整的過程中。這些聲明是誇張和錯誤的，因為回溯治療並不適用於所有人。對於一些人來說，回溯治療的強度太大並難以承受，他們需要的可能不是暴露自己未經處理的心靈空間，而只是一種治療關係來幫助重建對生活的信任和信心。有些人可能會發現很難使用想像力和直覺自由地打開前世的大門。還有一些人可能仍深陷於一個情結之中還沒準備好放下，但為了高我，他們必須去經歷這些身體和情感上的痛苦。反覆出現的疼痛和不和諧其實是靈魂的主要老師，這一點是醫學界所不能理解的。

回溯治療能顯著緩解慢性身體症狀和嚴重的情緒狀況，這在本書的案例中已經有了許多描述。回溯治療的研究表明，有 60%的案主在一定程度上會受益，而且通常是發生在其他療法都不成功的情況下。無論案主的信仰是什麼，前世回溯都可以讓他們明白今生模式的來源，以及這個模式是如何被創造出來的。超越前世死亡進入靈界會對案主產生深刻的影響，而寬恕前世人物就像是一個隱喻，會轉變他們的意識思維。與指導靈的直覺溝通更會為案主帶來超越常規治療水平的靈性智慧。治療師作為團隊的一員，建議要在治療過程中扮演一個謙卑的角色。我在開始每一次的回溯治療前，總是會首先確立自己的意圖，讓任何協助我的光靈清楚地明白如何幫助我的案主獲益。

回溯治療中的重要一點是要認識到靈魂療癒與能量的運作有關。有一位案主，他想要瞭解在他過量服藥和自殺未遂之後，躺在醫院的六個小時內究竟發生了什麼。他在比正常藥物致死水平高出六倍的情況下活了過來，醫生們對此十分困惑，也無法解釋。然而當他回溯到這段經歷時，他感動地哭了，因為他體驗到了指導靈將療癒能量注入他身體時的那種慈悲和愛。指導靈在細胞層面上幫他阻止了藥效，還向他解釋了為什麼他還未被允許死亡。靈界在治療中的真正價值在於，治療師可以在這裡使用多種方法，釋放和轉化那些困在未表達情緒中的凍結能量模式，例如恐懼、內疚和憤怒以及反覆出現的舊思想等。它也能幫助治療師辨別和釋放來自其他前世人物附著的靈魂能量，例如被處死的士兵或被殘忍毆打致死的奴隸等。

侵入性能量也說明了要將療癒視作與能量一起工作的重要性，這一點和傳統心理治療不同。雖然侵入性能量具有爭議並難以被證明，但似乎地縛狀態的精微體能量和負面能量的確會附著在案主身上。正如腦海中聽到聲音的喬的案例，以及附錄一中羅恩．范德．梅森（Ron Van der Maeson）的研究所表明的，當一些案主的症狀被識別出是能量依附時，會發生非常顯著的轉變。威廉．鮑德溫把這個過程稱為靈體釋放，薩滿祭司則稱之為處理迷失的靈魂碎片，怎麼稱呼不重要，重要的是案主能夠將這些能量釋放，並得到自己的完結。

許多心理治療的方法都是談話治療，比如認知行為治療，它們會避免任何形式的宣洩釋放。然而，由於只關注認知記憶，這類治療忽略了存儲身體和創傷核心記憶的大腦邊緣系統。早在 1920 年代，威廉．賴希就研究了僵化人格結構，及其在身體上的表達方式。他向我們展示了這些身體盔甲的僵化結構不是身體壓力的結果，而是受到深層壓抑的情緒的直接表現。貝塞爾．范德．科克（Bessel van der Kolk）和他的精神病學研究人員發現，案主需要回溯到他們凍結的身體能量記憶中，去激活、釋放和轉化這些記憶，然後才能夠處理其他的記憶。愛麗絲．貝利（Alice Bailey）概述了從前世嚴重疾病和身體記憶中繼承業力的原則，這一點已經得到伊恩．史蒂文森研究的獨立驗證，他的研究證明一些兒童的身體症狀與暴力的前世死亡有關。這些都意味著，為了有效地回憶和釋放創傷的殘留，身體必須參與到治療中來。

靈性回溯能喚回兩世之間詳細的靈魂記憶，這些記憶包括會見靈魂團體的其他成員，並可能認出一些出現在今生的人物。通常案主會與這些人在今生早期出現過業力衝突，但當他們發現這是由他們的靈魂在投胎之前預先計劃好這一點，會對他們處理人際關係產生轉變。理解為什麼他們選擇了自己的身體和生活情境，也會讓案主得到更深刻的洞見。靈性回溯的亮點之一是與長老們見面，他們用愛和慈悲來指導靈魂對今生的規劃，並且通常會在一個人的人生中間點給予靈性的指引。在人類歷史上，這是只有一個人的生命結束後才會發生的事情。那些引領地球命運的光靈們似乎已經決定了改變規則，讓人們更容易獲得這些信息來加速靈魂的療癒。克萊爾在靈性回溯之後說的一番話對此做了很好的總結：

> 「我意識到這次治療對我的觸動比我之前意識到的還要深刻。我經常使用信任這個詞，然而我現在意識到，我不僅是信任，而且我還知道一切都是完美的。正是這種覺知打開了我的心和我的靈魂。我感受到了重新連接，我知道我在哪裡，知道我為什麼要來這裡，我知道當我做出選擇的時候，我的選擇將會是完美的，而且我知道我是被愛著的。」

古代智慧中一個經典永恆的部分是佛陀指出的關於靈魂療癒的步驟。第一步，要去認識意識層面存在的問題；第二步，要知道是什麼原因造成了這個問題。在這兩點上，前世回溯和靈性回溯可以幫助人們看到超越今生人格的幻覺和困惑。第三步是要知道該怎麼做。回溯治療可以解凍那些讓改變如此困難的情緒和身體負荷，超然的靈性體驗也會為案主提供新的洞見。第四步，要改變我們在今世生活中對他人的思考和行為方式。前世回溯和靈性回溯之後的整合活動可以幫助案主做到這一點，但最終還是取決於他們自己是否會做出改變，並用自由意志在靈性上成長和進步。

為什麼這些強大的治療工具會出現在這個時代來幫助靈魂療癒，目前尚不清楚，也許這可能與人類歷史上這個艱難的時刻有關。貪婪和唯物主義在過去犯下了許多錯誤，但只要我們能意識到二元性的存在和積極意圖的力量，並尊重業力，這個世界上的許多事情就可以得到改變。用古代智慧的話來說：「我們從愛中來，回到愛中去。」

附錄一
註釋

1 — 回溯治療的歷史

大約在 30 年前，作為教師兼作家的莫里斯・尼瑟頓博士（Dr Morris Netherton）開創了和前世有關的工作。《深度治療》（Deep Healing）的作者漢斯・天丹博士（Dr Hans TenDam）在莫里斯・尼瑟頓博士的工作基礎上引入了新的技術，並且培訓了荷蘭大部分的回溯治療師，以及巴西約三分之一的回溯治療師。羅傑・伍爾格博士（Dr Roger Woolger）在 20 年的時間裡將心理劇（Psychodrama）、賴希派身體意識（Reichian body awareness）以及榮格的情結理論整合到他自己的回溯治療流派中，稱之為「深層記憶處理」（Deep Memory Processes）（DMP）。同時，回溯治療也已進入傳統醫學界，包括葡萄牙醫學界的馬里奧・西蒙斯教授（Professor Mario Simoes）和日本第一位將前世回溯納入醫學治療的醫生奧山輝實（Terumi Okuyama M.D.）。其他在本國實踐回溯治療的先驅還有俄羅斯的醫學博士帕維爾・金加佐夫（Dr Pavel Gyngazov）、印度的牛頓・康達瓦蒂博士（Dr Newton Kondavati）和巴西的朱利奧・佩雷斯醫生（Julio Peres M.D.）。另外兩位為世人帶來對前世新認知的先驅是伊恩・史蒂文森教授（Professor Ian Stevenson），他對兒童自發回憶前世進行了研究，以及邁克爾・紐頓博士（Dr Michael Newton），他花了 30 年的時間使用深度催眠方法，系統地記錄下了案主兩世之間的靈魂記憶。

以上絕非是在排除全世界其他許多人的共同努力，只是為了說明一些先驅用許多不同的方法做出的貢獻。

2－回溯治療的研究

羅恩・范德・梅森博士（Dr Ron Van der Maesen）使用回溯治療進行了開創性的研究，研究對象是那些通常認為無法用心理治療的案主。他的第一項研究工作是妥瑞氏症[①]，妥瑞氏症的患者會有不自主的重複性行為，並被認為是一種終生的神經精神疾病。梅森博士的研究使用了荷蘭回溯治療協會的 10 名治療師，以及 22 位 9 歲至 52 歲之間的受試者，所有受試者均正在接受醫療護理和藥物控制抽動。10 位完成治療的受試者在一年後的隨訪問卷中做出回應，其中 5 位報告說，他們的運動型抽動在很大程度上已經消失或者頻率大大降低，聲音型抽動的結果也一樣。有還 5 位受試者報告說他們已經不再服用任何藥物。

梅森博士的第二項研究[②]是針對那些有干擾性聲音或想法的案例，其中許多個案都符合《精神疾病診斷與統計手冊》（DSM-IV）中對精神分裂症幻聽的診斷。這次的研究中有 54 位受試者被分為治療組和對照組，治療師由荷蘭回溯治療協會提供，並由一名第三方精神科醫生在治療六個月後進行隨訪。結果顯示，有25％的受試者報告聲音已經消失，32％的受試者現在可以應對這種聲音。總體而言，80％的受試者擁有積極的主觀體驗，並願意向其他相同症狀的患者推薦這種治療。在《什麼對誰有效》（What Works for Whom）[③]一書中，方納基教授（Professor Fonagy）對心理治療做出了批判性的評論。他指出，其他心理治療似乎對於多達一半的精神分裂症患者都是無效的，而在另一半的患者中，只改善了妄想症這一方面。

海倫・旺巴赫（Helen Wambach）[④]通過一項大規模的實踐研究報告了對 26 位回溯治療師進行的調查結果。這些治療師共對 17,350 位案主進行了前世回溯，其中 63％的案主改善了他們的情緒和身體症狀，40％的案主改善人際關係。這項研究的一個重點是，其中許多案主是在其他治療方法都不成功的情況下才轉而求助於回溯治療的。

海索・丹寧（Hazel Denning）[5]在 1985 年至 1992 年間使用了 8 名回溯治療師和近 1,000 位案主進行了大規模的實踐研究，並分別在治療之後、六個月後、一年後和五年後測量研究結果。在 450 位五年後仍可被跟踪的案主中，24%報告症狀完全消失，23%報告有驚人的改善，17%報告有明顯改善，36%報告沒有改善。

3－意象在心理治療中的應用

引導式意象（Guided imagery）在心理治療中有著悠久和可敬的歷史。早在 1935 年，榮格[6]就將「主動想像」作為其方法的基石，到了 1940 年代，羅伯托・阿薩吉奧里（Roberto Assagioli）[7]把引導式意象冥想作為他的治療基礎，提出了「心理綜合治療」（Psychosynthesis）。出於對心理治療中意象力量的深深敬意，超個體心理治療也將意象做為其治療的基礎[8]。米爾頓・艾瑞克森（Milton Erickson）是發展現代催眠治療的重要人物之一，他率先將隱喻和故事作為一種強大的療癒技術來使用[9]，艾瑞克森的工作也是廣泛使用的 NLP 療法（身心語言程式學）的基礎[10]。另一個使用引導式意象法的例子是大衛・格羅夫斯（David Groves）所創建的「隱喻心理治療」（Metaphor Therapy）[11]，這種治療方法的核心是通過治療師和案主的互動，讓案主把自己的問題發展成為一個畫面或隱喻。毫不誇張地說，幾乎所有的心理治療和催眠治療的過程都需要用到一定程度的意象或想像。

4－宣洩

西格蒙德·弗洛伊德（Sigmund Freud）發現案主安娜·歐（Anna O）在抒發完被壓抑的情緒之後，症狀就消失了，於是他第一次使用了「宣洩」（Catharsis）一詞。但後來，當他發現她的症狀在治療完成的幾年後再次出現時，便放棄了宣洩的使用。而其他的心理治療師則繼續在他們的工作中使用宣洩，包括身體意識的創始人之一賴希（Reich）和後來的莫雷諾（Moreno）。莫雷諾意識到弗洛伊德遺漏了一點，宣洩不僅僅是釋放壓抑的情緒負荷，如憤怒、恐懼、氣憤和悲傷等，他認為宣洩更是一個讓案主獲得新洞見的機會，並將它們融入自己的生活中去。莫雷諾把這些想法加入了他的團體療法中，並成功地應用於美國的臨床門診團體和心理健康組織中。還有另外一些廣為人知的，利用釋放被困能量來整合的心理療法，包括弗里茨·佩爾（Fritz Perl）的格式塔療法（Gestalt Therapy）、心理劇（Psychodrama）⑫、重生療法（Rebirthing）和內在小孩療法（Inner Child Therapy）等。這些治療方法表明，如果不先釋放與某個意象相關的、非常強烈或表達不充分的情緒，可能無法讓案主改變對這個意象的感知。當情緒被釋放之後，案主就可以在治療的幫助下從不同的角度看待它，並形成一個更準確的認知⑬。漢斯·天丹博士（Dr Hans TenDam）、羅傑·伍爾格博士（Dr Roger Woolger）和其他許多回溯治療師們都已經發現，受壓抑和阻塞的情緒需要得到釋放和轉化，才能治癒深層的情結。

催眠治療和許多其他心理治療技術對宣洩有不同的看法，比如廣受使用的認知行為治療，他們認為宣洩是一種發洩（Abreaction），並會試圖避免。使用催眠術的前世治療師被教導的是一種脫敏法，脫敏法的概念是簡單地瞭解情況或被壓抑的消極記憶，再讓意識頭腦作為一個獨立的觀察者慢慢地去消化它們。脫敏法的重點是將前世帶入意識覺察中，而不是釋放和轉化情結。

5－身體記憶

貝塞爾·范德·科克（Bessel Van der Kolk）⑭創立的創傷療法（Trauma Therapy）強調了身體的釋放及其伴隨的情緒釋放都很重要。與他一起合作的哈佛精神病學研究人員強調了大腦結構中較老的部分在這個過程的重要性，特別是爬蟲系統或邊緣系統。這部分的大腦負責存儲創傷性的情緒和身體記憶，並會對生死攸關的生存問題做出反應。邊緣區的下部分負責控制感覺和運動，中間部分負責控制情緒處理⑮，這些部分的大腦和用於邏輯和思考的大腦額葉皮層是分開的。這就意味著，為了有效地回憶並釋放創傷的殘餘，就必須讓身體參與其中。

古代智慧⑯解釋了身體記憶是如何被作為以太記憶保存在精微體中的。一個在前世被勒死的女孩在臨終時產生了窒息的身體感覺，這個身體感覺就會變成以太記憶保留在精微體中離開物質身體。當靈魂在下一世與胎兒融合時，這個身體記憶就會被烙印在胎兒可塑性的身體上。在威廉·賴希（Wilhelm Reich）所做的身體治療的工作中，處理前世身體記憶也會經常自發地化解身體盔甲和恢復被阻塞的身體性慾。如果一名觀察者在第一次觀察這種方法時，可以明顯地發現案主的身體參與到了當下重現的故事之中。正如羅傑·伍爾格（Roger Woolger）⑰所發現的那樣，長期保持著某種身體姿勢的案主，他們在治療中不會僅僅只是坐著、躺著、或被動地閉著雙眼來講述內心的畫面。相反，他們可能會出現一些戲劇性的身體動作，比如在重新體驗到被矛刺傷時抓緊自己的肚子，或者在重新經歷被打的奴隸時蹲下等。這與使用催眠法的前世回溯有著本質上的區別，後者只針對認知和靈性理解，而忽略了身體。相比之下，處理身體記憶會使案主將注意力集中在身體上，原因很簡單，因為只有在身體裡，一個人才可以更生動地回憶身體記憶。

附錄二
構建一次回溯治療

準備工作

準備好錄音器。一方面，錄音可以保護治療師避免受到虛假記憶的指控；另一方面，案主可能也會要求治療師提供前世的錄音。

為案主準備一個**躺下來的地方**，舒適、且可以允許身體在回溯治療中移動。如果催眠的話，也可以使用帶有頭部支撐的躺椅。

準備一間沒有噪音干擾的房間，關閉電話和手機，包括案主的手機。

為可能發生的情緒釋放準備好**一盒紙巾**。

面談

面談的目標是為了讓治療師判斷案主是否適合接受回溯治療，同時建立融洽的治療關係，贏得案主的信任，減輕他們任何的焦慮。

收集案主的歷史資料。在初次面談中，治療師需要收集案主的個人信息、歷史和當前問題，檢查禁忌症，以及案主是否正在服用藥物或見過心理健康專家和治療師。

同意案主的治療目標。治療師需要和案主討論他們想從治療中得到什麼改變，並制定一個可行的治療計劃。治療師可以用一個案例向案主說明回溯治療的過程：

你今天為什麼來見我？

哪個問題最重要，我們可以最先處理？（針對一長串問題）

在我們開始治療後，如果有一件事情能讓你注意到自己正在改善，那會是什麼？

收集案主的想法、情緒和身體不適。這些可測量症狀可以讓治療師在治療期間跟踪其改善情況，包括它們的強度和頻率：

你上一次經歷這個問題的時候出現過什麼情緒？
這些症狀多久出現一次？每天、每週還是每月？
當你有這些情緒的時候，和它們一起出現的想法是什麼？
有什麼身體上的緊張或疼痛伴隨著這些情緒一起出現嗎？
如果用 10 代表你經歷過的最嚴重的狀態，1 代表沒問題，那麼最近的水平是多少？

治療時間。每一次回溯療程都會在一定程度上有所不同，但有一些特點和階段是一樣的。回溯治療通常需要兩個小時，包括 15 分鐘面談，10 分鐘橋接或催眠，80 分鐘回溯，15 分鐘接地和向案主解說。

避免親友旁聽。治療過程中出現的信息是非常私人的，朋友或配偶可能會是業力信息中的一部分，因此最好要避免他們加入治療。如果案主願意，可以在以後隨時和親友分享這些信息。

設定期望。治療師可以向案主解釋在治療中會發生的事情，以及催眠、前世或兩世之間的體驗。如果案主有些擔心，可以鼓勵他們保持開放的心態。對於分析型的案主，可以提醒他們這和看電影一樣，不要在中途停下來分析前世故事。釋放受壓抑的、或凍結的記憶也可能會涉及情緒的釋放，治療師需要向案主討論和解釋這是療癒過程的一部分。

界限。身體治療會涉及身體動作和一些通過道具進行的肢體接觸，無論是在治療之前或治療過程中，都需要得到案主的允許才可以有身體上的接觸。

回溯橋接

回溯治療中的橋接來自於收集到的關於案主問題中的信息。在面談中可以使用一個最簡單的橋接：

當這個問題剛出現的時候，你的生活中正在發生什麼？

也可以利用面談中和案主問題有關的、好像帶有情緒張力的干擾性想法或關鍵語句做橋接：

深吸一口氣，重複幾次這些單詞，看看會發生什麼。

針對情緒，可以利用那些在回憶今生記憶時浮出表面的症狀做橋接：

最糟糕的部分是什麼？
把你所有的注意力都放在這個情緒上，深入其中，一直深入到它的核心。
回到你第一次體驗這種情緒的時刻……發生了什麼事？

針對面談中出現的無法解釋的身體症狀做橋接：

你身體裡有什麼感覺？它是接近表面還是在深處……是在一個大範圍內還是小範圍內？
調整自己身體、手臂和腿的位置來配合這段記憶，看看這個感覺有沒有加強。
就好像……發生了什麼事？
腦海中出現了什麼畫面？

能量掃描可以用來放大身體的感覺或情緒：

我現在要掃描你的能量場，尋找和（該問題）**……有關的障礙。**

治療師可以對身體進行兩到三次掃描，掃描的時候一邊說出正在掃描的身體部位：

我的手會在你身體上方幾英寸的距離，從腳趾到頭部慢慢移動，閉上雙眼專注於你身體周圍的場域。告訴我你察覺到的阻塞、輕盈、沉重……緊張……或其他的身體感覺……或者你也可能會意識到一種情緒。現在從你腳部周圍的能量開始……小腿……膝蓋……（依次類推）
哪一種感覺最強烈？只專注在那個部位。
把你整個意識覺察都放在那個部位。

然後使用身體橋接。

催眠

附錄三中介紹了催眠和引導式意象法。然後可以用與高維意識連接的手指念動信號來確定是否需要釋放靈體，還是進行前世回溯和今生回溯的治療，以及這些治療的順序。

具身化前世人物

在前世中，治療師可以收集有關人物的詳細信息，並確保案主是用現在時態和從身體內經歷前世的。如果案主直接進入了自發的宣洩，也可以稍後收集這些信息：

你身上穿的是什麼衣服?
詳細描述一下你的衣服。
衣服的材質貼在皮膚上的感覺如何?
你帶了什麼東西嗎?
你是男人還是女人……年輕還是年老?

建立場景

接下來建立有關前世場景的信息。其餘問題要根據前世故事如何浮現來提問:

你是在郊外還是在一些建築物附近?
詳細描述一下。
你是一個人還是和其他人在一起?
其他人正在做什麼?
他們穿著什麼衣服?
你意識到周圍還有些什麼事物嗎?
現在是白天還是晚上?

探索前世

在前世中,治療師需要使用直接的指令讓案主朝著死亡點前進,並可以跳過世俗的細節,直接進入前世中重要的部分尋找關閉點或轉折點:

接下來發生了什麼?
在我們繼續之前,還有什麼其他重要的事情嗎?

當我數到三時，前往下一個重要事件……1……2……3……現在正在發生什麼事?
當我數到三時，回到第一個重要事件……1……2……3……現在正在發生什麼事?

宣洩

治療師要允許案主釋放自發性的宣洩。在帶領案主時可以使用感覺性的詞語，用比正常聲音更大的音量重複說出以下指令:

把一切都釋放出來吧……身體，完完全全地經歷它。
身體，跳到結尾。

死亡的過渡

死亡是必須要含蓋的一個時間點。未完成的想法和感受在死亡時刻會留下深深的烙印，治療師需要把它們記錄下來以便後續的清理工作。在一些戲劇性的場面中，治療師還可以觀察到一個人的身體記憶，例如呼吸困難或緊緊抓住傷口等:

當我數到三時，回到你的心臟最後一次跳動的那一刻……1……2……3……現在正在發生什麼事?
你死的時候有什麼想法和情緒?

在暴力死亡的情況中，治療師可以帶領案主快速經歷死亡，最大程度地減少他們的不適感。這裡需要提高音量來說出這個指令，並不斷重複後半句:

快速到達死亡點……一切都結束了。

治療師要確認靈魂是否已經離開了身體，且沒有變成地縛狀態。如若不然，就要找到方法讓靈魂離開並進入靈界：

你是留在身體旁，還是離開了？
你需要什麼才可以最終離開身體？

在靈界中面對他人

在靈界中與前世人物見面會為案主帶來新的洞見，指導靈的加入也可以提供幫助。真正的寬恕具有深刻的療癒力量，通常也代表了一個完結：

去（一個前世人物）所在的地方和他們見面。在那一世，你有什麼曾經想對他們說卻沒有說的話？
他們對你說什麼？

對於不能寬恕施害者、或者感到有困難的案主：

用心靈感應的方式向他們展示你所受到的傷害，現在正在發生什麼事？
向他們發送一部分愛的能量，現在正在發生什麼事？
回到另一個和他們在一起的前世。
請你的指導靈們加入你，他們有什麼建議給你？

身體治療—探索身體記憶

治療師也可以用身體治療來處理今生或前世的記憶，這常常會釋放出一次宣洩。這些指令需要用堅定和命令性的聲音來說出：

回到……（例如，你第一次感覺到被打）之前的那一刻。
身體，展示給我看現在正在發生什麼事。（鼓勵手和腿的動作）
身體，展示給我看接下來發生了什麼。（必要時重複）
身體，跳到結尾。（在個案的宣洩期間大聲重複這句話）

身體治療—轉化身體記憶

身體記憶的轉化最好是在探索完身體記憶之後立即進行。轉化關閉點所需要的額外的能量可以是來自於一隻精神動物：

身體（拳頭等），**有什麼你曾經想做但是做不到的事？**
進入動物王國去尋找一隻精神動物，它會擁有你所需要的能量。將這隻動物的能量帶入你的體內，感受能量進入……（需要轉化的身體部位）**時的力量。**

回顧一下你將要進行的轉化工作，然後用數到三的時間，讓自己有機會來準備身體治療：

當我數一的時候，回到……（例如，你第一次感覺到被毆打）**之前的那一刻，當我數到三時，你會……**（例如，做轉化的動作）
1……回到……（例如，你第一次感覺到被毆打）**之前的那一刻，**

2……現在隨時就要發生了（或用類似的措辭來構建心理劇），
3……身體（或拳頭等），**把你一直想要做的事情做給我看。**

治療師可以利用道具來轉化身體的故事，例如抱枕或扭曲的毛巾等。也可以在進行轉化之前先建立心理劇，或者在轉化過程中增加一些阻力。

與身體轉化有關的肯定句會很有幫助，例如「看看你現在的雙手擁有多麼大的力量能夠把它推開。」

今生回溯

今生的重要事件可以被看作是前世重要事件的延伸，這些重要事件的信息可以在面談中收集，或者通過前世的橋接來進入：

回到今生你第一次感到這種憤怒（或恐懼等）**的時刻，告訴我正在發生什麼。**

一旦今生的記憶得到了回顧，就可以通過和這些事件中人物的對話來轉化這些記憶，就類似於轉化前世的記憶：

允許你自己與……（人物）**的靈魂連接，你有什麼曾經想對他們說卻沒有說的話？**
他們對你說什麼？

重新框架記憶：

帶著你新的品質（靈性洞見或動物力量）**回到……**（就在

開始之前）**的時刻，用任何對你有幫助的方式重新體驗這段記憶。**

檢驗未來：

前往治療結束後的六個月，找到你自己，然後回顧過去這六個月發生的事，用你新的靈性洞見來瞭解自己的變化。告訴我這六個月以來你的社交生活發生了什麼。（或工作生活和人際關係）

完成

能量掃描或與高維意識連接的手指念動信號可以檢查治療工作是否完成。任何未完成的工作都需要回溯到那個時刻，並對事件進行調查和轉化。

對於單次治療，治療師可以用利用回訪電話或電子郵件來幫助案主進行整合。在多次治療中，治療師可以鼓勵案主記錄前世日誌，和進行可以幫助治療解離的身體活動，並可以在開始新的治療之前回顧上一次的前世。

治療後面談

在最後這一部分的面談中，案主需要坐起身來，並且仍然處於一種反思的狀態。治療師的任務是要幫助案主找到他自己對本次治療的解讀。可以留出大約 15 分鐘的時間和案主交談，並確保他們完全接地。

在前世治療最後提出的問題可以幫助案主開始整合的過程：

你能認出那一世有什麼模式出現在今生嗎?

你能認出前世有什麼人出現在今生嗎?

附錄三
構建一次靈性回溯

本節中的方法所包含的腳本和題問均改編自邁克爾·紐頓博士的著作《兩世之間－催眠治療之靈性回溯》[①]以及邁克爾紐頓學院所使用的培訓手冊。

準備工作

準備工作的目標是要確保每次靈性回溯都能成功。

篩選案主。首先檢查案主是否成功經歷過催眠和前世回溯，沒有經歷過的案主可以被要求使用催眠單獨進行一次前世回溯。當案主經歷過催眠狀態或類似的超常意識狀態之後，他們會進入更深的狀態。為案主提供自我催眠的 CD 也會有所幫助。還需要檢查案主的禁忌症，特別是藥物、娛樂性用藥和情緒波動等。靈性回溯的目標並非釋放和清除創傷。

準備好錄音器。靈性回溯的治療需要被錄音，因為案主無法記住靈性回溯過程中的所有細節，而且他們通常會多次回聽錄音以獲得新的洞見。必要的話，還可以使用第二個錄音系統作為備份。

為案主準備一個可以舒適躺下來的地方。這類治療會長達三到四個小時，在深度出神狀態下，案主將無法改變身體姿勢來減輕壓力，所以保持舒適是很重要的。治療師可以提供治療師椅、沙發或躺椅，再準備一條毯子確保他們在血液循環變慢時不會覺得冷。

一間沒有噪音干擾的房間，以及必須關閉電話和手機，包括案主的手機。

計劃治療時長。靈性回溯的治療時間可能會長達四個小時，因此案主需要為此留出足夠的時間，並在治療後有一段輕鬆的時間來思考和消化治療經歷。這些回溯工作對於治療師來說是高能量負荷的，因為他們會在大部分時間裡用直覺連接靈性幫助者們。為了避免「治療師耗竭」，建議每天最多只計劃一次靈性回溯。

為治療創建一個神聖的空間。治療師的主要資源是他們的直覺連接。即使不能在自己平時的工作環境中工作，他們也需要對新環境及其能量空間感到舒適。有時可以播放一些空靈的背景音樂來幫助催眠的過程。

治療前針對案主的準備工作。建議治療師口頭或用電子郵件向案主說明以下內容:

> 「感謝您的查詢。在進行兩世之間靈性回溯之前，有過一次成功的催眠經歷是非常重要的，因為您需要在深度催眠下才能訪問自己的靈魂記憶。出神狀態是一種自然的意識狀態，在這種狀態下，頭腦會變得向內集中，分析性思維會轉移到背景中。輕度的出神狀態每天都會很自然地發生，比方說當我們長時間開車時的狀態，除了內心的想法之外，我們對旅途幾乎不會有什麼記憶。進入深度出神狀態需要您和治療師共同努力與合作。比起第一次進入超常意識狀態的人，已經熟悉這種狀態的人會更快更深地進入。
>
> 如果您沒有接受過催眠，可以在當地找一位催眠師，或者提供一個地址讓我給您寄一張自我催眠放鬆的 CD。人們接受催眠的次數越多，就能進入地越深。
>
> 在靈性回溯之前已經經歷過一次前世治療也同樣重要，並且已經清除了任何可能會阻止您進入深層次催眠的能量障礙。前世治療通常需要兩個小時，費用為***，地點是***。可預約的日期和時間是***。

靈性回溯的時長是四個小時，費用是***，地點是***。可預約的日期和時間是***。

我會為您提供是次治療的CD錄音，您也可以根據需要帶上自己的數碼記錄器。過往的案主發現，他們往往需要把錄音聽上好幾遍才能充分吸收信息。您需要思考一下本次治療的目標，比如說今世的人生目標，靈性和業力的進度，為什麼某些事件在你的生活中發生，發現今生來自您靈魂團體的成員，以及和您的指導靈見面等。同時，您還需要列出生活中對您有積極或消極影響的八位重要人物，說明他們與您的關係，並為每個人列出三個形容詞，例如，喬安妮，愛、控制和疏離。

由於療程時間較長，請在治療中穿著舒適的衣服躺下。因為很多信息可能是私人的，所以不建議您的朋友參與。如有需要，您可以在治療後隨時和他們分享錄音。

此外，建議您在治療後預留一段放鬆的時間。如果需要開車，請在回程時留出足夠的時間。」

治療開始

這裡的目標是為了讓治療師與案主建立融洽的治療關係、瞭解案主的目標、設定期望、並回答任何的問題。

收集案主的詳細信息。治療師需要收集案主的個人詳細信息，並檢查是否有前世回溯的禁忌症。如果他們有童年創傷或一段童年期的記憶空白期，就需要瞭解案主當時的年紀，這些跡象可以說明是否需要對案主避免、或謹慎使用年齡回溯。如果案主曾經接受過催眠，治療師可以瞭解對他們來說最有效的技巧，並將其中某些技巧使用到催眠導入或深化中去。對於分析型的案主可能需要使用混淆法進行催眠導入。

解決案主的顧慮。治療師可以解釋在治療中將會發生的事情，並解答案主所有的顧慮。可以提醒案主，即使在最深的催眠狀態下，他們也能夠表明上廁所的需求。

對將要發生的事情設定期望。案主的經歷可能會與他們在這個話題上曾經閱讀過的內容有所不同。他們可能會經歷感受式的體驗，而不是普通常見的視覺體驗。在這類回溯中，事件的順序是具有流動性的，細節的數量也各不相同。高維意識可能會完全或部分地阻止一些治療，但無論案主經歷什麼，那往往正是他們在當下那一刻所需要的。即使在深度催眠狀態中，身體非常沉重的時候，意識思維在某種程度上仍然是臨在的，但通常會變成一個驚訝的觀察者。有時在結束療程之後，案主可能會認為自己編造了這些信息，治療師有必要解釋一下這種情況可能會發生。能夠讓案主確認前世是否真實的因素包括：和指導靈以及靈魂團體聚會時所體驗到的積極情緒，故事自發產生的方式及其詳細程度，以及指導靈和長老的評論似乎在他們內心產生了深刻的共鳴等。最重要的是，要建議案主對宇宙向他們所呈現的信息保持開放的態度。

檢查案主的準備工作。檢查案主的治療目標和重要人物名單。

避免親友旁聽。治療過程中出現的信息非常私人，而且朋友或配偶也可能是業力信息中的一部分，因此最好要避免他們加入治療。如果案主願意，可以在以後隨時和親友分享這些信息。

催眠一導入出神狀態

有時案主需要一點幫助來靜止活躍的思維。以下建議在催眠之前使用：

「請閉上眼睛，想像任何類型的一個盒子……你可以看到它、感受它、或以任何你想要的方式體驗它……讓你所有的想法都進入這個盒子裡……讓每一個顧慮、擔憂或想法都進入這個盒子裡……現在，想像一個任何形狀的蓋子牢牢地蓋在這個盒子上……蓋子蓋緊之後請點頭告訴我……好……在這次治療中，如果你留意到有其他的想法，可以打開蓋子把它們放到這個盒子裡面……然後把盒子放到你身後。」

治療師可能需要花長達 45 分鐘的時間導入和深化才能把案主帶到更深的狀態，在這個狀態中，他們可以自由訪問靈魂記憶中的詳細信息。治療師需要用停頓在聲音中製造節奏，並在導入過程中逐漸放慢說話速度。柔和的空靈背景音樂可以掩蓋背景噪音的干擾。案主需要放輕鬆、躺下或者完全地靠在躺椅上，雙手放在治療師可以看到的地方。治療師說話的節奏應盡可能和案主的呼氣同步。以下是腳本示例：

「當你閉上眼睛的時候……做幾次深呼吸……並將注意力放在呼吸上……當你吸氣時……放鬆……當你呼氣時……呼出任何的緊張……現在專注於你的頭頂……釋放肌肉中所有的緊張……就這樣放鬆、放下……現在，你額頭上這種深層放鬆和安逸的沉重感……是否已經開始擴散……向下蔓延到你的眼睛……你的臉……進入到你的嘴……和下巴……經過你的脖子……感到深深的安逸……和沉重……你身體上越放鬆……精神上也會越放鬆……很快的……你就可以享受一種愉悅的……完全放鬆的感覺……不知道這種放鬆的感覺會多快延伸到……你頸部和肩膀的肌肉……再到上臂的頂端……就讓這些肌肉鬆弛下來……放鬆……然後到上臂的底端……感覺它們都放鬆了……往下再到手肘……前臂……就讓這些肌肉都放鬆下來……向下放鬆到手腕……手、手指和拇指……一直到你的手指尖……就讓肌肉中所有的緊張都離開……注意到你的呼吸正在變得更加輕鬆，甚至……也許你開始注意到那些分散你注意力的聲音變得不那麼煩人……所有你可以聽到的聲音都變成了這種舒適放鬆的體驗中的一部分……任何你會注意到的其他事情都成為這個體驗的一部分……現在，我想要你用自己美妙的想像力……想像你正在參觀一棟美麗古老的鄉間別墅，你可以看到它，感覺它或者以任何想要的方式去體驗它……一棟非常美麗的……古老的鄉間別墅……在一個溫暖的……陽光明媚的夏日午後……你現在站在樓梯的頂部……向下通往一扇門……當你往下看時……你可以透過敞開著的門……瞥見一個迷人的鄉村花園……它是如此誘人地邀請你走下樓梯……去探索這個特別的地方……這是一個美麗的、陽光明媚的夏日午後……周圍沒有任何人……來麻煩你……或打擾你……一會兒，我將會從一數到十……每一個數字都代表一個腳步……每走一步都會帶你進入更深層的放鬆……所以當我數到十的時候……你可以允許自己前所未有地放鬆……你甚至可能會發現自己的思維開始游走……我的聲音會逐漸消失在背景中……但那也沒有關係……我的聲音會繼續讓你放鬆……一……當你準備好了，邁出第一步……放鬆……然後放下……二……再邁出一步……感到更加地自在……感覺自己很平靜……三……或許你會注意到，每走一步，都會產生一種沉重的、安逸的感覺……四……感覺到越來越深……越來越深……五……再走一步……現在變得很平靜……更加地平靜……繼續放鬆……繼續放下……感覺很好……六……越來越感覺到這種放鬆是一種真正的享受和舒適……七……越陷越深……更進一步地進入這種輕鬆愉快的狀態……八……享受這種感覺……半睡半醒……感覺非常好……九……留意到越來越放鬆……有一種舒適感在蔓延……十……現在你到了樓梯底……慢慢地朝著敞開的門……和遠處的花園走去……沉浸在這個可愛的老房子……平靜與安寧的氛圍中……現在走出門去……站在那兒，留意一下美麗的綠色草坪……灌木和樹木……綠色的植物……褐色的植物……還有湛藍色的天空……感受陽光灑在頭頂和肩膀上的溫暖……你享受著這個美麗的夏日午後……在這個美麗的鄉村花園中……花壇上的花兒五彩繽紛 ……紅色……黃色……紫色……白色……吸一口氣……聞一下這個地方特有的香氣……沒有人在這附近……沒人想要你做任何的事……沒有人需要任何東西……也沒有人期望什麼……所以你可以在這個美麗的鄉村花園中……享受這種平靜……和安寧……沿著草坪散步……來到一個鮮花盛開的拱門前……這裡還有一些石階……是可愛的舊石階……還有遠處迷人的流水聲……它吸引你深入到這個隱密的地方……沿著這些台階慢慢地走下去……陷入越來越深的放鬆……在台階的底部……你會看到另一片草坪……遠處有一條小溪……旁邊長著蘆葦……你慢慢地走過草地……享受這個美麗的……平靜的……夏日的午後……當你坐在小溪邊的時候……看著清澈的水……讓你的思想自由放飛吧……意識到自己完全的放鬆……就讓你的思想漂流……去任何它想要去的地方。」

催眠深度測試

治療師可以在任何時候，通過手指的延遲反應和緩慢抖動對催眠狀態的深度做出評估：

「想像一個刻度……10 個代表完全清醒…… 1 代表你可能達到的最放鬆的程度……當我從 10 倒數到 1 時……讓你的手指抬起來表示催眠狀態的深度。10……9……8……7……」，依此類推。

等案主抬起一隻手指。「很好。」

深化催眠

以下這段深化引導詞有時被稱為「數字消失法」（Dropping the Numbers)，它可以代替紐頓的年齡回溯深化法來深化催眠狀態：

「過一會兒，我會要你開始數數……從第一個數字開始往上數……每數一個數，你會變得越來越放鬆……越來越舒適……要慢慢地數……非常慢地數，然後在幾個數字之後留意一下……這些數字會逐漸消失……最後所有的數字都會一起消失……就這麼完完全全地漂走吧，因為你感到如此的舒服 ……如此的放鬆……那些數字不再重要了……現在開始，從第一個數字往上數。」

在案主數數的時候，可以對他們說以下任何一個句子：

「漂走」
「再深一點」
「越來越深」
「注意到數字開始逐漸消失……就這樣消失了」
「隨著消失的數字一起……越來越深」
「美妙的深度放鬆」

隨著數字的消失，案主的聲音會變得更加柔和。

錨定出神深度

治療師可以將案主的體驗錨定在他們出神狀態的最深處，以便在需要的時候迅速將他們帶回到那個深度：

「每當我說『保持體驗』這幾個字時，你都會不假思索地，自動讓你的身心立即回到現在正在享受的這種舒適狀態中來……每當我說『保持體驗』這幾個字時，你都會不假思索地，自動讓你的身心立即回到現在正在享受的這種舒適狀態中來。在今天和以後的治療中都是如此。」

最後的指令

治療師需要用更具命令性的語調說出這些指令：

「隨著我們繼續，你會發現你可以和我自由地交談……關於任何的事情，而且不需要醒過來……實際上，我們的對話只會幫助保持你出神狀態的深度……我想要你想像一個強大的金色光罩圍繞著你……從頭到腳……給你光和力量……如果出現任何來自過去的消極情緒，它們都會被你的保護光罩反彈出來。」

進入前世

「現在我們將進入一片迷霧通往你的上一個前世……或者一個由高維意識為你選擇的前世……數三聲之後，你知道你將從迷霧中走出來進入前世……1……走進迷霧中去……2……開始從迷霧中走出來……允許記憶變得更加強烈和清晰……在數下一聲之後，你將完全從迷霧中走出來，並進入前世的身體……3……當你低頭看你的腳時，留意到迷霧正在散開……你看到你的腿……和身體上的衣服……用你自己的速度……當迷霧完全消散時……告訴我你穿的衣服。」

具身化人物

進入前世後，治療師需要收集有關前世人物的詳細信息，並迅速完成任何自發的宣洩。可能的問題包括：

你身上穿的是什麼衣服？
詳細描述一下你的衣服。
衣服的材質貼在皮膚上的感覺如何？
你帶了什麼東西嗎？
你是男人還是女人……年輕還是年老？

建立場景

接著，治療師需要建立有關前世場景的信息。其他問題可以根據前世故事如何浮現來提問。可能的問題包括：

你是在郊外還是在一些建築物附近？
詳細描述一下。
你是一個人還是和其他人在一起？
其他人正在做什麼？
他們穿著什麼衣服？

你意識到周圍還有些什麼事物嗎?
現在是白天還是晚上?
你覺得冷還是熱?

探索前世

在前世中，治療師需要使用直接命令帶案主向前移動，並且可以跳過世俗的細節，直接前往前世中的重要部分:

接下來發生了什麼?
當我數到三時，前往下一個重要件……1……2……3……
現在正在發生什麼事?

前世的死亡點

前世的部分應該保持簡短，在大約 15 至 30 分鐘之內，因為案主通常會與指導靈在靈魂記憶中更詳細地回顧前世。到達死亡點是很重要的，它標誌著身體輪迴的結束。建議性的陳述句和問題包括:

前往你咽下最後一口氣的前一刻，告訴我現在正在發生什麼事。

在暴力死亡的情況中，治療師可以帶著案主快速經歷死亡以減少不適。

快速到達死亡點，現在都結束了。

進入靈界

這個時候不需要收集大量的細節，而是要給案主更長的時間來回答問題。一些有用的問題包括：

回到你的心臟最後一次跳動的那一刻。

你是留在身體旁，還是可以準備離開？

你在心臟最後一次跳動之後，接下來經歷了什麼？

在離開身體的過程中，靈魂通常會有些困惑，所以可以使用一些引導性的問題。可能的問題包括：

回到你離開身體的那一刻，告訴我接下來發生了什麼？

你是自己離開的，還是感受到了某種牽引力？

你離開的時候是向後看著地球，還是看著你的前方？

當你繼續前進時，看到遠處有一個光點還是許多光點？

有沒有光漂向你，還是你向它漂過去？

隨著光越來越近，形容一下你看到它的顏色或者外觀？

療癒能量的地方

如果前世是創傷性的，案主會報告前往一個療癒能量的地方。這是為了在靈界遇到其他的靈魂之前，減少案主從前世帶來的稠密的情緒能量，或為靈魂補充新的能量：

你接下去要去哪裡？

描述一下你被吸引去的這個地方？

這和你以前在這裡的時候有什麼不同嗎？

你是否正在接受什麼新能量？還是在清除舊能量？

描述一下你的體驗？
看看你能量場的顏色，告訴我這與你剛剛進入的時候相比有什麼變化？

探索靈魂記憶

以下問題可以經常使用：

接下來發生了什麼？
告訴我，在我們繼續之前，還有什麼其他重要的事情嗎？

和指導靈一起回顧

從沒見過指導靈的案主會發現，和指導靈的體驗將陪伴他們一生。指導靈通常會與案主一起回顧上一次的前世。可能的問題包括：

你對遇到的這個人有何想法嗎？
你的指導靈是以能量形態還是身體形態展示自己？
當你遇到指導靈的時候，體驗到了什麼？
請你的指導靈以身體形態展示自己，然後描述一下它的外貌。
描述一下它的面部特徵。
描述一下它頭髮的顏色和長度，以及眼睛的顏色。
你的指導靈叫什麼名字？
如果你的指導靈回顧了你的前世，它傳達了什麼信息？
描述一下它是如何向你展示前世的？
你的指導靈有沒有告訴你前世的目的是什麼嗎？

你實現了這個人生目的嗎？你那一世有什麼問題嗎？
告訴我你的指導靈在那一世扮演了什麼角色來幫助你？

會見靈魂團體

所有的案主都會有一群靈魂伴侶。有時候他們會在沒有提示的情況下立即前往這個空間，並描述有一群光朝著他們過來：

一個一個地注意這些光，然後描述一下它們的顏色？
看看它的核心，告訴我你注意到什麼顏色？
它和你的顏色一樣還是有什麼不同？
和他們再次重聚的時候，你體驗到了什麼？
數一數，告訴我你的靈魂團體中有多少位成員。
你的靈魂團體中有沒有人參與了你的前世？
你的靈魂團體是否有一個共同學習的興趣或主題？
一個一個地注意你靈魂團體的成員，告訴我任何出現在你今生的靈魂的名字。
到這一刻為止，你有沒有和他們一起為今生做過什麼準備？
你和這個團體一起經歷了幾個人生？
你團體中是否有成員長時間從事其他的活動？

會見其他的靈魂團體

如果案主同時也屬於另一個靈魂團體，他們可能會描述說去了其他的光群。可能的問題有：

一個一個地注意這些光，然後描述一下它們的顏色。

向內看它的核心，告訴我你注意到是什麼顏色。
它和你的顏色一樣還是有什麼不同？
一個一個地注意你的靈魂團體的成員，告訴我任何出現在你今生的靈魂的名字。
到現在為止，你有沒有和他們一起為今生做過什麼準備？
你的靈魂團體有一個共同學習的興趣或主題嗎？
你和這個團體一起經歷了幾個人生？

會見長老

所有的靈魂都會在兩世之間的某個時候至少拜訪長老一次（或者他們可能會稱呼另一個名字）。這是靈性回溯中最重要的部分之一，也是一個主要關注的領域。到某些時候，案主可能會描述和他們的指導靈一起離開去一個地方。如果想要直接會見長老，特別是如果當前世似乎不是案主的上一世時，治療師可以說：

前往為你計劃今生轉世的光靈所在的地方，去和它見面。

接著建立場景的細節，它可以是物理形態或能量形態。可能的問題有：

描述一下你的行程路線，讓我知道你留意到了什麼，以及你到達後發生了什麼。
描述一下你到達的地方。
與上一次相比，這裡的環境有什麼不同嗎？
你的指導靈和你在一起嗎？
告訴我你的指導靈相對於你的位置。
當你來到這個地方的時候，體驗到什麼？

然後收集有關長老的信息，它們可能會以物理形態或能量形態出現。可能的問題包括：

有多少個光靈？
你怎麼稱呼它們？
仔細看一下，它們是能量形態還是人類形態？
描述一下你留意到的面部特徵。
描述一下頭髮的顏色、長度和眼睛的顏色。
找到最突出的那位，描述一下它的著裝以及你注意到的任何裝飾品或標誌。
這個裝飾品或標誌對你有什麼重要的意義？

最後，找出靈魂與長老溝通的內容。可能的問題包括：

它們向你傳達了什麼信息？
它們和你說了什麼指導靈沒有說過的話嗎？
它們有沒有給你任何鼓勵或建議？
它們有沒有回顧你的下一世和提供什麼建議？
你們討論過帶入下一世的靈魂能量水平嗎？

選擇今世的身體

這部分是案主為今生試用自己身體的環節，有時他們也可以有所選擇。它的目的是讓案主能更瞭解自己和他們的起源，通常發生在和指導靈或長老見面時。想要直接進入這個部分，可以說：

前往你為今生選擇自己身體的地方。

在選擇身體的地方還可以提出以下的問題：

描述一下周圍的環境？

你和指導靈一起，還是你自己一個人？

你有幾個身體選擇？

這些身體是如何被展示給你的？

你認為每個身體都能為你提供什麼？

你可以選擇每個身體的人生、家庭或情境嗎？

你為什麼拒絕某些選擇？

你選擇的身體將如何幫助你實現人生目標？

對於選到的身體，你可以選擇它的情緒或智力嗎？

你們是否討論過你將要帶走多少靈魂能量？

其他靈性活動

以下問題包含了案主在靈魂記憶中的某個時刻可能會經歷的一些事情。很多問題可以根據案主的回答再憑直覺提問。

在學習大殿或教室中可以提出的問題包括：

描述一下你周圍的環境。

你在學習什麼？

學習過程是如何發生的？

這對你今生有何幫助？

在靈魂單獨學習和反思的地方，可以提出的問題包括：

描述一下你周圍的環境。

你以前來過這個地方嗎？

當靈魂前往另一維度或學習新知識時，可以提出的問題包括：

描述一下你周圍的環境。
這對你今生有何幫助?
在其他前世結束之後,你有來過類似的地方嗎?

離開靈界前往輪迴

這一部分完成後,靈魂的記憶就就結束了,它經常為案主帶來有關今生的新洞見。可以用以下建議直接進入這一事件:

前往你為下一次輪迴做準備的地方。

可以提出關於輪迴的問題包括:

描述一下你周圍的環境。
你是和指導靈一起,還是自己一個人?
你將帶走多少靈魂能量?
將這個水平的能量帶入這次輪迴的原因是什麼?
你將從你的前世帶來什麼樣的情緒或身體記憶?
你將如何記住在今生需要遇見的重要人物?
前往你的靈魂能量與子宮中胎兒的身體相融合的時刻,告訴我你的經歷。
當你的靈魂與胎兒融合時,它幾個月大?
你在那個月齡加入胎兒有什麼重要的意義嗎?

長老和永恆當下

治療師可以將與長老的會面從回憶切換到「永恆當下」和長老互動交流,提出一些具體的問題。這部分最好是在經歷了所有靈魂的回憶之後再進行，這樣案主在回聽錄音時的不會感到那麼困惑：

回到和長老的會議。 (或其他使用的名稱)

在永恆當下，可以向長老提出的問題包括：

請他們確認你今生的目的是什麼。
你已經用了多少個前世來處理這個課題？
請他們回顧任何一個對你有幫助的前世。
他們對你今生的進展有何評價？
請他們給你一些建議，幫助你今世的生活。
問問他們是否可以告訴你未來的靈性活動。
問問每位長老，是否還有其他話要對你說。

結束靈界的經歷

在最後，可以和案主這麼說：

在我們離開長老之前，告訴我你還有什麼想問的嗎？

感謝所有光靈的幫助和智慧，然後請他們離開。

喚醒案主

在經歷長達四個小時的深度催眠之後，治療師需要給一些時間讓案主回到完全清醒的狀態，並讓血液循環恢復正常。用高於正常音量的聲音說：

「我們現在要離開靈界，你可以帶著所有的回憶和洞見回來。我會從 10 數到 1，當我數到一時，你會非常清醒、放鬆、完全恢復精神，就像從一整晚的好覺中醒來一樣。

10……開始回來……

9……現在移動你的左腿（鼓勵腿部運動）……

8……移動你的右腿（鼓勵腿部運動）……

7……移動你的左手和左臂……

6……移動你的右手和右臂……

5……移動腰部……

4……移動肩膀……

3……再回來多一些……

2……我數到 1 的時候，完全睜開你的眼睛……

1……完全睜開你的眼睛，完全意識到自己在房間裡。」

治療後面談

在這最後部分的面談中，案主需要坐起身來，並且會仍然處於一種反思的狀態。治療師的任務是要幫助案主找到自己對本次治療的解讀。治療師應留出至少 15 分鐘的時間和案主交談，並確保他們完全接地。

總結一下靈性回溯中關鍵事件的順序，例如進入靈界和會見靈魂團體等，並對每個事件的內容提問：

關於這個部分，你還記得哪些關鍵的方面？它以什麼方式對你有所幫助？

治療師可以要求案主等待幾週再回聽自己的錄音，獲得進一步的洞見。也可以要求他們在思考之後寫一份總結，說明這些信息是如何幫助他們的，並用電子郵件發送給治療師。這些活動將進一步有助於整合的過程，並為治療師提供有用的反饋。

附錄四
清除侵入性能量

檢測－能量場掃描

使用能量掃描時，重要的是要明確掃描的意圖：

我現在要掃描任何不屬於你的能量。我的手會在你身體上方幾英寸的距離從腳趾到頭部慢慢移動，閉上雙眼專注於身體周圍的場域。告訴我哪個身體部位感覺到更輕、更重，或者有任何不同。現在從你腳部周圍的能量開始……小腿……膝蓋…… (以及身體所有部位直到頭部)

掃描可能需要重複兩到三次。

檢測－念動手指的移動

利用念動手指做檢測最好是在能量掃描或輕度催眠之後進行。

我想通過你的手指與你的高維意識交流，請讓你的意識頭腦轉移到幕後。
讓你的高維意識抬起左手的一隻手指來表示「是」……等待一隻手指抬起……**「很好。」**
讓你的高維意識抬起左手的另一隻手指來表示「否」……等待一隻手指抬起……**「很好。」**

通常情況下，案主的回應會有所延遲，手指移動也會比較輕微。

高維意識，有什麼不屬於（案主）**的能量嗎？**

高維意識，是否有多於或等於兩個能量？（也可以問三個或多個等）

高維意識，只有一個能量嗎？（或兩個三個等，要確認準切的數目）

與依附的靈體建立溝通

允許你的意識頭腦轉移到幕後去，知道自己是安全並被保護的。我想讓你胸口（或腿等，或者最強烈的那個能量）**的能量來到**（案主名字）**的喉嚨和我說話。**

用雙手將能量從案主的胸部（或腿等）轉移到案主的嘴上：

你好，你有名字嗎？

治療師需要用輕柔的聲音說話，這樣威脅性會比較小，並且需要有一些毅力來鼓勵靈體說話。

協助釋放的信息

一些能量可以在沒有對話的情況下立即釋放，這可以通過手指來檢測：

我想要你的高維意識表示，是否不需要對話就可以釋放這些能量？

如果答案是肯定的，可以要求指導靈將它帶走，並請案主幫忙將它推出。如果有需要和附著的靈體對話，就需要先削弱它和案主的連接：

你知道你已經死了嗎？
你知道這不是你應有的身體嗎？

找出靈體需要什麼才會進入光中，例如見到前世的親人，嬰兒的保姆等。

你在自己那一生中有沒有愛過的人？
你在死的時候，是什麼阻止你回到光中？

如果靈體依附是在案主的情緒創傷期間發生的，就需要通過回溯治療來清除情緒創傷這個「鉤子」。這可以在對話中找到：

當你加入她/他的時候……（案主）**的生活中發生了什麼？**

另外，也可以和案主使用手指念動信號：

我想要高維意識來表示，在釋放這個能量之後是否需要今世的回溯治療。

治療師需要找出靈體依附對案主產生的影響，包括低能量水平、特定的思維、情緒或行為改變等：

你對……（案主）**投射了什麼想法**（等等）**嗎？**

處理困難

有時，依附的靈體可能會不願意離開案主，這就需要治療師有毅力去找到一些新信息，或者運用自己的直覺：

將一束純潔的愛之光芒帶入你的中心，然後告訴我發生了什麼。
這個身體不需要你，是時候該離開了。
告訴我，在你曾經擁有自己身體的時候，你的生活是怎樣的？你死後又發生了什麼。
我現在呼喚一位光靈來把你帶回到光中。

能量被釋放後

釋放能量時，要確保案主要用手把能量推出，這會給案主帶來力量。同時問一下案主體會到了什麼樣的感受：

告訴我當它離開時你有什麼體驗。

其他類型的侵入性能量

有些侵入性能量可能只是一種情緒能量：

你曾經自己擁有過人類的身體嗎？

如果答案是肯定的，治療師就可以與這個「能量部分」對話，確定它是何時附著在案主的人生中，然後再使用回溯治療。

完成治療

最後要檢查是否所有的侵入性能量都已經被釋放:

我想要你的高維意識告訴我,是否所有不屬於……(案主)**的能量都已經全部被釋放掉了。**

能量治療和解說

治療師可以使用靈氣、靈性治療或類似的方法,幫案主進行能量治療:

當能量場被治癒後,讓你的高維意識抬起「是」的手指。

在治療結束後,治療師可以和案主討論治療中發生的事情。治療師需要向案主解說什麼是靈體依附,或者也可以將其解釋為部分療法(Part Therapy)。治療後還需要和案主討論一下未來的能量保護措施。只有在發生事故、手術或情緒創傷時,一個人的正常保護力才會變得虛弱,並且容易受到靈體附著。

延伸閱讀

回溯治療

盧卡斯，W.（Lucas, W.）（編輯）《回溯治療：專業手冊》第一卷（Regression Therapy: A Handbook for Professionals），出版社：Deep Forest Press，1993 年。本書分為兩卷，其中包括了來自各種回溯治療師的文章和技術。

馬克，P.（Mack, P），《治癒內心深處的傷痛；一位年輕患者接受回溯治療的轉型歷程》（Healing Deep Hurt Within; The Transformational Journey of a Young Patient Undergoing Regression Therapy），出版社：From the Heart Press， 2011 年。彼得 · 馬克博士（Dr. Peter Mack）是一位神經外科醫師，在經過多年的挫折之後，他將回溯治療融入了自己的實踐中，並幫助了一位對主流醫學無反應的衰弱性疾病患者。這是本一開始看就很難放得下的書。

馬克，P.（Mack, P），《改變人生時刻的內在療癒》（Life Changing Moments in Inner Healing），出版社：From the Heart Press，2012 年。這是作者第一本書的續篇，描述了使用前世回溯對患者出現的各種無法解釋的症狀進行轉化性的治療，包括失眠、噩夢、怕水、怕蛇、拖延症、憤怒、記憶力減退、害怕成功，害怕公開演講和無法解釋的疼痛。

馬克，P.，（Mack, P）（編輯）《內在療癒之旅：醫學觀點》（Inner Healing Journey - A Medical Perspective），出版社：From the Heart Press，2014 年。這本書講述了 11 位患者的故事，他們的醫生在傳統醫學無效的情況下使用了前世治療和回溯治療，並展示了整全方法可以如何實現驚人轉變。這是一本引人入勝的書，給公眾帶來了新的希望，並激勵了醫療專業人員。

天丹，H.（TenDam, H），《深度治療和轉化》（Deep Healing and Transformation），出版社：Tasso，2016 年。本書介紹了漢斯·天丹的回溯治療技術，他是回溯治療的先驅之一。

湯姆林森，A.（Tomlinson, A.）（編輯）《轉化永恆的靈魂》（Transforming the Eternal Soul），出版社：From the Heart Press，2011 年。本書的內容收錄了先進的回溯治療技術，包括：賦予案主力量，靈性內在小孩回溯，清除暗能量，處理困難的個案，醫療實踐中的回溯治療，回溯中的晶體療法，處理靈性急救，以及將治療整合進入案主的今生。

伍爾格，R.（Woolger, R.），《治癒你的前世》（Healing Your Past Lives），出版社：Sounds True，2004 年。羅傑（Roger）是將身體意識引入回溯治療的先驅之一。本書主要是為大眾讀者編寫，在書中羅傑介紹了他所使用回溯的方法。

前世

鮑曼·C.（Bowman, C.），《兒童的前世》（Children's Past Lives），出版社：Element，1998 年。這是一本易於閱讀的書，關於卡蘿在兒童前世的個人經歷。

庫馬拉辛厄姆河，R.（Kumarasingham, R.），《掩蓋的真相》（Shrouded Truth），出版社：From the Heart Press，2018 年。本書用一段令人著迷的旅程，回顧了曾在聖經時期生活過的八個靈魂的前世回憶，他們鮮為人知的信息揭示了在十字架之前、期間和之後發生的事情。

庫馬拉辛厄姆河，R.（Kumarasingham, R.），《抹大拉的血統》（The Magdalene Lineage），出版社：O Books，2019 年。本書繼《掩蓋的真相》之後，講述了抹大拉的馬利亞 6 歲至 60 歲的生活。它揭示了她身為一個女兒、姐妹、妻子、母親和靈性老師的豐富知識。

史蒂文森，I.（Stevenson, I.），《二十案例示輪迴》（Twenty Cases Suggestive of Reincarnation），弗吉尼亞大學出版社，1974 年。伊恩（Ian）調查了 2,600 多名兒童的前世，這本書分享了他其中 20 個發現，是一部用客觀研究為前世提供證據的經典著作。

史蒂文森，I.（Stevenson, I.），《輪迴轉世與生物學－於此相逢》（Where Reincarnation and Biology Intersect），出版社：Praeger，1997 年。這是伊恩的另一本書，為前世創傷與今世身體問題之間的聯繫提供了證據。

魏斯，B.（Weiss, B.），《前世今生》（Many Lives, Many Masters），Piatkus 出版社，1994 年。這是本易於閱讀的書，記錄了一位精神科醫生通過一名案主發現前世的故事。

兩世之間靈性回溯

紐頓，M.（Newton, M.），《靈魂的旅程》（Journey of Souls），利韋林出版社，1994 年。這本重要的書基於 29 個人兩世之間的故事而寫，它為勾勒靈界地圖提供了參考和基礎。

紐頓，M.（Newton, M.），《靈魂的命運》（Destiny of Souls），利韋林出版社，2000 年。這是作者第一本書的後續，介紹了靈魂在靈界中扮演的專業角色。

湯姆林森，A.（Tomlinson, A.），《探索永恆的靈魂》（Exploring the Eternal Soul），出版社：From the Heart Press，2012 年。安迪帶著讀者超越死亡，為靈性回溯提供了一個廣泛且全面的解釋。他將內容以結構化的方式呈現出來，以便讀者理解所發生的事情。十位兩世之間的案主與他們的長老連接，提出了一系列相同的問題，涵蓋了多樣化的主題，包括：能量附著和靈魂替換（Walk-ins），輪迴的目的，亞特蘭蒂斯等遠古文明，以及時間的含義等。

宗教傳統中的輪迴

佩吉，C.（Page, C.），《健康前沿》（The Frontiers of Health），1996 年。由一位醫生所撰寫，關於我們的健康是如何受到不和諧的能量場和靈魂所影響。

仁波切，S.（Rinpoche, S.），《西藏生死書》（The Tibetan Book of Living and Dying），出版社：Rider，1992 年。在這本書中，佛教徒對死亡發生的事提供了解釋，也包含了一些為臨終者提供諮詢的有用信息。

索美，P.M.（Somé，P.M.），《水與聖靈－非洲巫師的生活中的儀式、魔法和啟蒙》（Of Water and the Spirit － Ritual, Magic and Initiation in the Life of an African Shaman），企鵝出版社，1994 年。這是一本通俗易懂的書，介紹了薩滿治療的方法。

心理學與心理治療

赫爾曼，J.（Herman, J.），《創傷與康復》（Trauma and Recovery），紐約，出版社：Basic Books，1992 年。這是一本關於處理性虐待的實用概述。

帕克，P.，（Parks, P.），《拯救內在小孩》（Rescuing the Inner Child），《人類視野》系列，2002 年。介紹了用內在小孩技術治療在孩童期經歷過虐待的案主。

愛爾蘭·弗雷，L.（Ireland-Frey, L.），《釋放俘虜》（Freeing the Captives），出版社：Hampton Roads，1999 年。這是一本記錄了有關釋放靈體附著的有趣案例史。

心理病理學

布雷金，P.（Breggin, P.），《你的藥物可能正是你的問題》（Your Drug May Be Your Problem），出版社：Perseus，1999 年。介紹了抗抑鬱和抗焦慮藥物的作用，以及製藥公司對它們的副作用保持緘默。

回溯治療協會

靈性回溯治療協會（Spiritual Regression Therapy Association - SRTA）

這個國際協會由一批尊重案主靈性本質的靈性回溯治療師們組成，他們受到前世回溯學院（Past Life Regression Academy）國際標準的專業培訓，遵循職業道德規範和尊重客戶的利益。

網址：http://www.regressionassociation.com

歐洲回溯治療協會（Earth Association of Regression Therapy - EARTh）

這個獨立協會旨在提高和擴大回溯治療專業應用的，它為其認可的回溯治療培訓學校提供了網絡論壇、新聞通訊和專業標準。每年夏天，它都會舉辦一系列持續職業發展的研討會。

網站：http://www.earth-association.org

回溯治療前沿醫學與研究協會（Society of Medical Advance and Research with Regression Therapy - SMAR-RT）

這是「歐洲回溯治療協會」的一個特殊興趣小組，由醫學博士們所領導，他們的共同願景是將互補和整全的方法整合到醫學中去。這個協會使用回溯治療進行醫學研究，並向醫學界和廣大公眾推廣回溯治療。通過研究，它為提高回溯治療的有效性做出了貢獻。

網址：http://www.smar-rt.com

國際回溯治療委員會（International Board of Regression Therapy - IBRT）

這是一個為前世治療師、研究人員和培訓計劃而設的獨立審查和認證的委員會，它的使命是為回溯治療師和機構設定專業標準，並在網站上列出了國際認可的前世治療和回溯治療培訓機構。

網站：http://www.ibrt.org

挪威回溯治療協會（Norsk forbund for Regresjonsterapi - NFRT）

這個機構由一批回溯治療師組成，致力於擴大回溯治療在挪威的專業接受程度，它通過推廣一些教育和研究活動，來提高公眾對回溯治療的認識。

網站：http://www.regresjonsterapi.no

荷蘭回溯治療師協會（Nederlandse Vereniging van Reincarnatie Therapeuten - NVRT）

這個協會的總部設於荷蘭，為一群專業的回溯治療師們提供了聯系網絡，並會組織有關回溯治療效用的研究。
網站： http://www.nvrt.nl

邁克爾 · 紐頓研究所（The Michael Newton Institute）

這個專業機構以邁克爾 · 牛頓博士（Dr Michael Newton）的工作為基礎，致力於進一步研究和發展兩世之間回溯的實踐。
網站：http://www.newtoninstitute.org

資料來源和腳註

儘管本書中所引用的大多數專業人士都擁有心理學或精神病學博士學位，但我並沒有在整本書中持續使用「博士」這個頭銜。這並非出於不尊重，而是為了避免重複。為了表述清晰，我對其他作者的一些引用可能作了稍微的修改或總結，但是沒有改變其重要的內容。所有案主的案例研究都被如實做了總結，並仔細記錄了案主的反饋。為了避免重複和改善語法，我在筆錄時做了一些細微的改動。為保持一致性，我的問題和案主的回覆用了不同字體顯示。

序言

1. 唐・提奧・帕雷德斯（Don Theo Paredes）和亞特・羅菲（Art Roffey）提供薩滿訓練和秘魯旅行。Website: www.innervisionpc.org, email: innervisionpc@comcast.net.
2. 伊普・馬庫尼滿（Ipu Makunaiman）和他亞馬遜雨林之旅的智慧。Website: www.nativeculturalalliance.org, email: tucuxi@bellatlantic.net.
3. 若昂・特樹拉・德・法里亞（Joao Teixeira de Faria）被稱為「上帝的約翰」。Website: www.johnofgod.com.

第一章－介紹

1. Grof, S., *Beyond the Brain,* New York; State University, 1985.
2. Assagioli, R.M.D., Psychosynthesis: *A Manual of Principles and Techniques*, Aquarian Press, 1990.
3. Somé, P.M., *Of Water and the Spirit – Ritual, Magic and Initiation in the Life of an African Shaman*, Penguin, 1994.
4. Powell, A.E., *The Astral Body*, Kessinger Publishing Co., 1998.
   Powell, A.E., *The Etheric Double*, Theosophical Press, 1989.
5. Krippner, S., and Rubin, R., *Galaxies of Life; the Human Aura in Acupuncture and Kirlian Photography*, Gordon and Beach, New York, 1974.
6. Brennan, B., *Hands of Light*, Bantam, 1988.
7. Wirth, D.P., *The Effect of Non-contact Therapeutic Touch on the Healing Rate of Full Thickness Dermal Wounds*, Journal of Subtle Energies & Energy Medicine, Vol. 1 No. 1, 1990.

8. *Daily Mail*, Dec 14th 2001, page 11.
9. Van Lommel et al, *Near-death Experience in Survivors of Cardiac Arrest*; a prospective study in the Netherlands, The Lancet, 15 Dec 2001.
10. Gallup, G., *A Look Beyond the Threshold of Death*, London Souvenir, 1983.
11. Stevenson, I., *Twenty Cases Suggestive of Reincarnation*, University of Virginia Press, 1974.
12. Weiss, B., *Many Lives, Many Masters*, Simon and Schuster, 1988.
13. Newton, M., *Destiny of Souls*, Llewellyn, 2000.
14. Newton, M., *Journey of Souls*, Llewellyn, 1994.
15. Haraldsson, E., *East and West Europeans and their Belief in Reincarnation and Life after Death*, in SMN Network Review, No 87, spring 2005.
16. Maj, M., Sartorius, N., Okasha, A., Zohar, J., *Obsessive Compulsion Disorder*, Wiley, 2000.
17. Bowlby, J., *The Making and Breaking of Affectional Bonds*, Routledge, 1994.
18. Stevens, R., *Understanding the Self,* The Open University, SAGE Publications, 1996.

第二章－前世回溯與靈性回溯理論

1. McLaughlin, C., and Davidson, D., *Spiritual Politics,* Findhorn, 1994.
2. Bailey, A., *A Treatise on White Magic*, Lucis Trust, New York, 1998. Page, C., *The Frontiers of Health,* 1996.
3. Blatzer, J.P., *The Donning International Encyclopaedic Psychic Dictionary*, The Donning Company, 1986.
4. Newton, M., *Destiny of Souls*, Llewellyn, 2000.
5. Powell, A.E., *The Astral Body*, Kessinger Publishing Co., 1998
6. Page, C., *The Frontiers of Health*, 1996.
7. Stevenson, I., *Where Reincarnation and Biology Intersect*, Praeger Publishers, 1997.
8. Guirdham, A., *The Cathars and Reincarnation,* Spearman, 1992.
9. Tomlinson, A., *Exploring the Eternal Soul*, From the Heart Press, 2012.
10. Rinpoche, S., *The Tibetan Book of Living and Dying*, Rider, 1992.
11. Hopking, A., *The Emergence of the Planetary Heart*, Godshaer Publishing, 1994.
12. Browne, S., *Life on the Other Side – A Psychic's Tour of The Afterlife*, Piatkus, 2001.

第三章－進入前世

1. Erickson, M., & Rossi, E., *Hypnotic Realities*, New York, Ivington, 1979.

2. Wolinsky, S., *Trances People Live*, The Bramble Company, 1991.
3. Netherton, M., and Shiffren, N., *Past Lives Therapy,* Morrow, New York, 1979.
4. Woolger, R., *Other Lives Other Selves*, Thorsons, 1999.

第四章－探索前世

1. TenDam, H., *Deep Healing*, Tasso Publishing, 1996.

第五章－前世的死亡

1. Rinpoche, S., *The Tibetan Book of Living and Dying*, Rider, 1992.
2. Powell, A.E., *The Etheric Double*, Theosophical Press, 1989.

第六章－在靈界中轉化

1. Tomlinson, A., *Exploring the Eternal Soul*, From the Heart Press, 2012.

第七章－兩世之間靈性回溯

1. Newton, M., *Life Between Lives; Hypnotherapy for Spiritual Regression*, Llewellyn, 2004.
2. The Michael Newton Institute, contact website: http://www.newtoninstitute.org.
3. Newton, M., *Journey of Souls*, Llewellyn, 1994.
4. Woolger, R., *Other Lives Other Selves*, Thorsons, 1999.
5. Tomlinson, A., *Exploring the Eternal Soul*, From the Heart Press, 2012.
6. Newton, M., *Destiny of Souls*, Llewellyn, 2000.

第八章－處理身體記憶

1. Kurtz, R., *The Body Reveals,* Harper, New York, 1976.
2. *Reich*, W., *Studies in Psychology*, Pearson Custom Pub., 1991.
3. 深度記憶處理（Deep Memory Process）取代了羅傑·伍爾格博士（Dr Roger Woolger）原來的治療工作－整合回溯治療（Integral Regression Therapy）。他會提供定期的國際培訓和工作坊，還有靈體釋放、祖先療癒、靈性心理學和其他相關領域的培訓。
4. Websites: US and Europe: www.rogerwoolger.com.
5. Germany, Austria and Switzerland: www.woolger.de.
6. Brazil: www.woolger.com.br.

7. Woolger, R., and Tomlinson, A., *Deep Memory Process and the Healing of Trauma*, article published in the Network Review, Journal of the Scientific and Medical Network, summer 2004.
8. Woolger, R., *Healing your Past Lives – Exploring the Many Lives of the Soul*, Sounds True, 2004.
9. Woolger, R., *Body Psychotherapy and Regression: the Body Remembers Past Lives* in Staunton, T., Body Psychotherapy, Routledge, London, 2002.
10. Ogden, P., Minton, K., *Sensorimotor Psychotherapy: One Method for Processing Traumatic Memory*, Traumatology, 6 (3), Article 3, October 2000.
11. Staunton, T., *Body Psychotherapy*, Routledge, London, 2002.
12. Greenberg, E., and Woolger, R., *Matrix Therapy,* available from the author.
13. Givens, A., *The Process of Healing,* Libra Books, San Diego, California, 1991.
14. Herman, J., *Trauma and Recovery,* New York: Basic Books, 1992.
15. Stevens, R., *Understanding the Self,* The Open University, Sage Publications, 1996.

第九章－侵入性能量

1. Baldwin, W., *Spirit Releasement Therapy*, Headline Books, 1995
2. Ireland-Frey, L., *Freeing the Captives,* Hampton Roads Publishing, 1999.
3. Cannon, D., *Between Death and Life: Conversations With a Spirit*, Gateway, 2003.
4. The Spirit Release Foundation, website: www.spiritrelease.com
5. Newton, M., *Destiny of Souls*, Llewellyn, 2002.

第十章－整合

1. Parks, P., *Rescuing the Inner Child,* Human Horizons Series, 2002.

第十一章－面談

1. Frank, J.D., *Therapeutic Factors in Psychotherapy*, American Journal of Psychotherapy, 25, 1971.
2. Erickson, M.H., Zeigg, J. K., *Symptom Prescription for Expanding the Psychotic's World View*, contained in Dolan, Y., A Path with a Heart – Ericksonian Utilisation with Resistant and Chronic Clients, Brunner Mazel, New York, 1985.
3. Maxmen, J.S., Ward, N.G., *Psychotropic Drugs Fast Facts*, W.W. Norton, 1995.

4. Breggin, P., Cohen, D., *Your Drug May Be Your Problem*, Perseus Books, 1999.

附錄一一註釋

1. Van der Maesen, R., in *The Journal of Regression Therapy, Volume XII (1), PLT for Giles De La Tourettes's Syndrome* International Association for Regression Research and Therapies, 1998.
2. Van der Maesen, R., in The Journal of Regression Therapy, Volume XIII (1), Past Life Therapy for People who Hallucinate Voices, International Association for Regression Research and Therapies, 1999.
3. Fonagy, P., Roth, A., *What Works for Whom*, The Guildford Press, 1996.
4. Snow, C., *Past Life Therapy: The Experiences of Twenty-Six Therapists,* The Journal of Regression Therapy, Volume I (2), 1986.
5. Denning, H., *The Restoration of Health Through Hypnosis*, The Journal of Regression Therapy 2:1 (1987), pp. 52–4.
6. Jung, C.G., Hull, R.F.C., *The Archetypes and the Collective Unconscious, Routledge*, 1991.
7. Assagioli, R.M.D., *Psychosynthesis: A Manual of Principles and Techniques*, Aquarian Press, 1990.
8. Boorstein, S. (ed.), *Transpersonal Psychotherapy*, Suny, 1996.
9. Dolan, Y., *A Path with a Heart – Ericksonian Utilization with Resistant and Chronic Clients*, Brunner Mazel, New York, 1985.
10. Dilts, R., *Beliefs*, Metamorphous Press, Oregon, 1993.
11. Tomkins, P., Lawley, J., *Metaphors in Mind, Transformation through Symbolic Modeling*, The Developing Company, 2000.
12. Nolte, J., *Catharsis From Aristotle to Moreno,* Action Methods Training Center, Indianapolis, 1992.
13. Wilkins, P., *Psychodrama* (Creative Therapies in Practice), Sage Publications Ltd, 1999.
14. Van der Kolk, B., McFarland and Weisaeth (eds), *Traumatic Stress,* Guildford Press, New York, 1996.
15. MacLean, P.D., *Brain evolution relating to family, play, and the separation call,* Archives of General Psychiatry, 42, 405–417, 1985.
16. Bailey, A., *Esoteric Healing*, Lucis Trust, New York, 1999.
    Powell, A.E., *The Astral Body*, Kessinger Publishing Co., 1998.
    Powell, A.E., *The Etheric Double*, Theosophical Press, 1989.
17. Woolger, R., *Past Life Therapy, Trauma Release and the Body*, available from the author.

附錄三－構建一次靈性回溯

1. Newton, M., Life Between Lives; *Hypnotherapy for Spiritual Regression,* Llewellyn, 2004.

參考書目

Assagioli, R.M.D., *Psychosynthesis: A Manual of Principles and Techniques*, Aquarian Press, 1990.

Bailey, A., *A Treatise on White Magic*, Lucis Trust, New York, 1998.

Bailey, A., *Esoteric Healing*, Lucis Trust, New York, 1999.

Baldwin, W., *Spirit Releasement Therapy*, Headline Books, 1995.

Blatzer, J.P., *The Donning International Encyclopedic Psychic Dictionary*, The Donning Company, 1986.

Boorstein, S. (ed.), *Transpersonal Psychotherapy*, Suny, 1996.

Bowlby, J., *The Making and Breaking of Affectional Bonds*, Routledge, 1994.

Bowman, C., *Children's Past Lives*, Element, 1998.

Breggin, P., Cohen, D., *Your Drug May Be Your Problem*, Perseus Books, 1999.

Brennan, B., *Hands of Light*, Bantam, 1988.

Browne, S., *Life on the Other Side – A Psychic's Tour of The Afterlife*, Piatkus, 2001.

Cannon, D., *Between Death and Life: Conversations With a Spirit*, Gateway, 2003.

Collins, M., *The Idyll of the White Lotus,* Theosophical Books.

Crasilneck, H.B., & Hall, J.A., *Clinical Hypnosis Principals and Applications*, Grune & Stratton, 1985.

Daily Mail, Dec 14th 2001, page 11.

Dilts, R., *Beliefs*, Metamorphous Press, Oregon, 1993.

Dolan, Y., *A Path with a Heart – Ericksonian Utilization with Resistant and Chronic Clients*, Brunner Mazel, New York, 1985.

Dychtwald, K., *Body-Mind*, Pantheon, New York, 1986.

Erickson, M. & Rossi, E., *Hypnotic Realities*, New York, Ivington, 1979.

Erickson, M.H., Zeigg, J.K., *Symptom Prescription for Expanding the Psychotic's World View*, in Rossi, E.L. The Collected Papers of Milton H. Erickson, Vol IV, Ivington.

Fonagy, P., Roth, A., *What Works for Whom*, The Guildford Press, 1996.

Frank, J.D., *Therapeutic Factors in Psychotherapy*, American Journal of Psychotherapy, 25, 1971.

Gallup, G., *A Look Beyond the Threshold of Death*, London Souvenir, 1983.

Givens, A., *The Process of Healing,* Libra Books, San Diego, California, 1991.

Greenberg, E., and Woolger, R., *Matrix Therapy*, available from the author.

Grof. S., *Beyond the Brain*, New York; State University, 1985.

Guirdham, A., *The Cathars and Reincarnation*, Spearman, 1992.

Havens, R., and Walters, C., *Hypnotherapy Scripts – A Neo-Erickson Approach to Persuasive Healing*, Brunner Mazel, 1989.

Herman, J., *Trauma and Recovery,* New York: Basic Books, 1992.

Hopking, A., *The Emergence of the Planetary Heart*, Godshaer Publishing, 1994.

Ireland-Frey, L., *Freeing the Captives,* Hampton Roads Publishing, 1999.

Jung, C.G., Hull, R.F.C., *The Archetypes and the Collective Unconscious*, Routledge, 1991.

Krippner, S., Rubin, R., *Galaxies of Life; the Human Aura in Acupuncture and Kirlian Photography*, Gordon and Beach, New York, 1974.

Kurtz, R., *The Body Reveals,* Harper, New York, 1976.

Lawton, I., *The Big Book of the Soul*, Rational Spiritual Press, obtainable from website: http://www.rspress.org, 2009.

Lawton, I., *Wisdom of the Soul*, Rational Spiritual Press, obtainable from website: http://www.rspress.org, 2006.

Levine, P., *Waking the Tiger: Healing Trauma.* Berkeley, CA: North Atlantic Books, 1997.

Lucas, W., (ed.) *Regression Therapy: A Handbook for Professionals*, Vol. 1, Deep Forest Press, 1993.

MacLean, P.D., *Brain Evolution Relating to Family, Play, and the Separation Call,* Archives of General Psychiatry, 42, 405–417, 1985.

Maj, M., Sartorius, N., Okasha, A., Zohar, J., *Obsessive Compulsion Disorder*, Wiley, 2000.

Maxmen, J.S., Ward, N.G., *Psychotropic Drugs Fast Facts*, Norton, 1995.

McLaughlin, C., and Davidson, D., *Spiritual Politics,* Findhorn, 1994.

Mead, G.R.S., *The Doctrine of the Subtle Body in Western Tradition*, Society of Metaphysicians, 1987.

Michael Newton Institute, *Training Manual*, contact website: http://www.newtoninstitute.org.

Netherton, M., and Shiffren, N., *Past Lives Therapy,* Morrow, New York, 1979.

Newton, M., *Destiny of Souls*, Llewellyn, 2000.

Newton, M., *Journey of Souls*, Llewellyn, 1994.

Newton, M., *Life Between Lives; Hypnotherapy for Spiritual Regression*, Llewellyn, 2004.

Nolte, J., *Catharsis From Aristotle to Moreno,* Action Methods Training Center, Indianapolis, 1992.

Ogden, P., Minton, K., *Sensorimotor Psychotherapy: One Method for Processing Traumatic Memory*, Traumatology, 6(3), Article 3, October 2000.

Oschman, J.L., *Energy Medicine: The Scientific Basis*, Churchill Livingstone, 1999.

Page, C., The Frontiers of Health, 1996.

Parks, P., *Rescuing the Inner Child,* Human Horizons Series, 2002.

Perls, F., Hefferline, R., Goodman, P., *Gestalt Therapy*, The Gestalt Journal Press, 1994.

Powell, A.E., *The Astral Body*, Kessinger Publishing Co., 1998.

Powell, A.E., *The Etheric Double*, Theosophical Press, 1989.

Praagh, J., Talking to Heaven, *A Medium's Message of Life After Death*, Piatkus, 1997.

Reich, W., *Studies in Psychology*, Pearson Custom Pub., 1991.

Rinpoche, S., *The Tibetan Book of Living and Dying*, Rider, 1992.

Rossi, E., Cheek, B., *Mind Body Therapy*, Norton, 1994.

Rumi, *These Branching Moments*, versions by Coleman Barks, Copper Beech, 1988.

Rycoft, C., *Reich,* Fontana Paperback, 1971.

Snow, C., *Past Life Therapy: The Experiences of Twenty-Six Therapists,* The Journal of Regression Therapy, Volume I (2), 1986

Somé, P.M., *Of Water and the Spirit – Ritual, Magic and Initiation in the Life of an African Shaman*, Penguin, 1994.

Stevens, R., *Understanding the Self,* The Open University, Sage Publications, 1996.

Stevenson, I., *Where Reincarnation and Biology Intersect*, Praeger Publishers, 1997.

Stevenson, I., *Twenty Cases Suggestive of Reincarnation*, University of Virginia Press, 1974.

TenDam, H., *Deep Healing*, Tasso Publishing, 1996.

TenDam, H., *Exploring Reincarnation*, Tasso Publishing, 1987.

Tomkins, P., Lawley, J., *Metaphors in Mind, Transformation through Symbolic Modeling*, The Developing Company, 2000.

Tomlinson, A., *Exploring the Eternal Soul*, From the Heart Press, 2012.

Van der Kolk, B., McFarland and Weisaeth (eds), *Traumatic Stress,* Guildford Press, New York, 1996.

Van der Kolk, B., *The Compulsion to Repeat the Trauma: Re-enactment, Revictimization, and Masochism.* This article first appeared in Psychiatric Clinics of North America, 12, (2), 389–411, 1989.

Van der Maesen, R., in *The Journal of Regression Therapy, Volume XII (1), PLT for Giles De La Tourettes's Syndrome,* International Association for Regression Research and Therapies, 1998.

Van der Maesen, R., in The Journal of Regression Therapy, Volume XIII (1), *Past Life Therapy for People who Hallucinate Voices*, International Association for Regression Research and Therapies, 1999.

Van Lommel, P., et al, *Near-death Experience in Survivors of Cardiac Arrest*; a prospective study in the Netherlands, The Lancet, 15 Dec 2001; Anonymous teeth case.

Van Wilson, D., *The Presence of Other Worlds,* Harper Row, 1975.

Weiss, B., *Many Lives, Many Masters*, Simon and Schuster, 1988.

Wilbarger, P., Wilbarger, J., *Sensory Defensiveness and Related Social/Emotional and Neurological Problems,* Van Nuys, CA: Wilbarger, obtained from Avanti Education Program, 14547 Titus St., Suite 109, Van Nuys, CA, 91402, 1997.

Wilkins, P., *Psychodrama – Creative Therapies in Practice*, Sage Publications Ltd, 1999.

Wirth, D.P., *The Effect of Non-contact Therapeutic Touch on the Healing Rate of Full Thickness Dermal Wounds*, Journal of Subtle Energies & Energy Medicine, Vol. 1 No. 1, 1990.

Wolinsky, S., *Trances People Live*, The Bramble Company, 1991.

Woolger, R., *Other Lives Other Selves*, Thorsons, 1999.

Woolger, R., *Healing Your Past Lives – Exploring the many Lives of the Soul*, Sounds True, 2004.

Woolger, R., *Past Life Therapy, Trauma Release and the Body*, available from the author.

Woolger, R., and Tomlinson, A., *Deep Memory Process and the Healing of Trauma*, article published in the *Network Review*, Journal of the Scientific and Medical Network, summer 2004.

關於作者

安迪·湯姆林森（Andy Tomlinson）是一名心理學畢業生和註冊心理治療師。他曾接受埃里克森催眠治療培訓，並且是一位認證回溯治療師和認證兩世之間治療師。安迪自 1996 年以來就一直致力於回溯治療及兩世之間回溯的工作，是一位國際知名的私人執業治療師。他目前是前世回溯學院（Past Life Regression Academy）的培訓總監，該學院為全球治療師們提供回溯治療、兩世之間回溯和靈魂進化工作坊的培訓。他同時也是靈性回溯治療協會（Spiritual Regression Therapy Association）、歐洲回溯治療協會（Earth Association of Regression Therapy）、回溯治療前沿醫學與研究協會（Society for Medical Advance and Research with Regression Therapy）的創始人之一。通過這些工作，他致力於建立和制定回溯治療的國際質量標準。他於 2007 年出版了第二本書《探索永恆的靈魂》（Exploring the Eternal Soul），同時也是《轉變永恆的靈魂》（Transforming the Eternal Soul）一書的編輯。安迪在全球不同國家和地區之間，提供有關前世和兩世之間靈魂記憶的培訓、講座和演講。有關安迪及其活動的更多信息，請訪問網站：www.regressionacademy.com。

www.ingramcontent.com/pod-product-compliance
Lightning Source LLC
Chambersburg PA
CBHW071412070526
44578CB00003B/555
* 9 7 8 1 9 9 9 9 2 3 2 5 9 *